名人与图书馆(续篇)

徐铁猊　著

国家图书馆出版社

图书在版编目(CIP)数据

名人与图书馆:续篇/徐铁猊著. —北京:国家图书馆出版社,2012.7(2019.6 重印)

ISBN 978-7-5013-4811-4

Ⅰ.①名… Ⅱ.①徐… Ⅲ.①名人—生平事迹—世界 ②图书馆—通俗读物 Ⅳ.①K811 ②G25-49

中国版本图书馆 CIP 数据核字(2012)第 140102 号

书　　名　名人与图书馆(续篇)
著　　者　徐铁猊　著
责任编辑　郭又陵　王涛　南江涛

出　　版　国家图书馆出版社(100034　北京市西城区文津街 7 号)
(原书目文献出版社　北京图书馆出版社)
发　　行　010-66114536　66126153　66151313　66175620
66121706(传真)　66126156(门市部)
E-mail　nlcpress@ nlc. cn(邮购)
Website　www. nlcpress. com—→投稿中心
经　　销　新华书店
印　　装　天津画中画印刷有限公司
版　　次　2012 年 7 月第 1 版　2019 年 6 月第 2 次印刷

开　　本　880×1230(毫米)　1/32
印　　张　7
字　　数　200 千字

书　　号　ISBN 978-7-5013-4811-4
定　　价　30.00 元

序

去年底，铁猊先生给我发来电子邮件，希望我看看他的书稿并提点相关意见，那时，我忙得不可开交，无法及时回复。后来铁猊先生又陆续发来几封电子邮件，说《名人与图书馆（续篇）》出版在即，希望我尽快完成序言。此时我才明白因为一时疏忽自己并没有读懂铁猊先生最初来信的意思，以前的回复有点文不对题。我没有见过铁猊先生，也不认识铁猊先生，在此之前，我们之间没有任何交往。尽管如此，我仍然十分乐意撰写这篇序文，因为我喜欢名人与图书馆这类主题的著作。

因为答应写序文，所以，我在阅读书稿的同时，还必须对作者有所认知。经过了解，我得知：铁猊先生乃 1948 年生人，年长我十几岁，是“老三届”高中毕业生，与我这个“新三级”大学毕业生有着某种特殊的历史关联。他 1968 年到山西插队，在农村接受贫下中农再教育达 8 年之久，直到 1976 年才回到北京，其中自然饱含着不少的辛酸。1978 年，铁猊先生在北京朝阳区群众影剧院谋得美工一职，期间在业余大学攻读美术大专。1986 年调入北京朝阳区图书馆宣传辅导部工作，成为图书馆界的一员，因为所学的是美术专业，直到在图书馆工作了 17 年之后的 2003 年才取得图书馆馆员职称，个中的甜酸苦辣可以想见。2006 年，铁猊先生开始办馆内刊物《朝阳书友》和《朝阳风物》，并负责开办朝阳文化讲堂，风生水起，热火朝天，获得多方好评。此外，铁猊先生还编辑出版过《近思鲁迅》《在中国话剧一百年的时候》等几本纪念文集。

铁猊先生在来信中说：“我原来从不写作，至少从来不为发表而写作。《名人与图书馆》是我动笔写作的首篇，自觉还好，以致又开始写些别的东西，其中有一组有关英语典故的散文，《北京社区报》已连载近两年(每周一篇)。平时还写些时论、随笔,不为发表"。这话很实在,也很令人感佩。正因为如此,第一部《名人与图书馆》的编纂出版纯属偶然:铁猊先生办的《朝阳书友》有个"名人与图书馆"栏目,他负责为这个栏目撰写文稿,为避免断稿,时常要多储备一些稿子,刊发和积累的稿子多了,便萌生了结集出版的想法。2008 年 9 月国家图书馆出版社出版了他的第一部《名人与图书馆》,计约 20 万字。这正好应证了他自己"我原来从不写作,至少从来不为发表而写作"的说法。诚然,在物欲横流的今天,能够像铁猊先生这样"从来不为发表而写作"已经十分罕见和难能可贵了。

铁猊先生 2008 年退休后还是很想多写些东西,还是"不为发表而写作",只想"给经历以思索,给自身以交代",于是,有关名人与图书馆这个主题的写作得以不断延续。在大约两年的时间内,铁猊先生完成了《名人与图书馆(续篇)》的写作,国家图书馆出版社自然很乐意继续出版,因为这类著作极少,而不少学者虽然著述等身,但是大多不从事这类著述的写作,大约是这类著作不在学术评价体系之内的缘故罢。

《名人与图书馆(续篇)》共有 38 篇文字,主要记述的名人过百。铁猊先生在写作上大抵保持了与第一部《名人与图书馆》一致的"讲故事"风格。《名人与图书馆》自然得以名人为主线去叙述其图书馆活动,但是,铁猊先生并没有穷极各个名人的一切图书馆活动,只选择名人与图书馆中比较生动有趣的故事去重点描写,其中简要穿插介绍名人的生平,且点到即止,丝毫不影响故事的铺陈展开。这使得该著的每篇文字既短小精练,又具有较强的可读性,令人印象深刻。

从《名人与图书馆(续篇)》来看,铁猊先生讲故事的方法大概有以下几类:

其一,以人叙事。此类故事,大多以名人为主线,以其典型故事或者名言展开,或者一人一事,或者一人多事,娓娓道来,立意明了。例如:"以死抗辱之王重民"、"国立北平图书馆碑散记"之钱玄同、"书呆子莫来馆"之陶行知、"书魂永不散藏园"之傅增湘,"'守护之神'蒋复璁"、"此木斋非彼木斋"之李盛铎、"李小缘'归而结网'"、"莱布尼茨与歌德"、"宫墙聚书籍 共以乐陶然"之柯璜、"'万里'流觞"之赵万里、"'孤岛'得书记"之郑振铎、"自图书馆始 至图书馆终"之张申府、"'插架缥缃'嘉业堂"之刘承幹、"'学富一车'陈乃乾"、"梁诚与美国庚款退款"、"天堂应该是图书馆的模样"之博尔赫斯、"洪 William"之洪业、"'劣绅'叶德辉"、"侨领陈嘉庚与集美图书馆"、"'交换学者'裘开明"、"归骨田横之岛"之傅斯年、"卡内基和他的图书馆们"、"实至名归李公仆"、"藏书肯借见胸襟"之赵景深、"也是目录学家的钱基博"、"唯留书香沁后人"之周叔弢,"钱穆的'从小到大'"、"良臣魏征"、"'四百万'王云五"。

其二,以事叙人。此类故事,大多以事件为主线,以一事叙述多位名人的集体故事,从中可见图书馆名人荟萃之盛。例如:"'青年会'馆"之瞿秋白、郑振铎、许地山、耿济之、瞿菊农等;"保存文献的'同志会'"之何柄松、张寿镛和张凤举,"一塔湖'图'——北京大学图书馆纪略"之李大钊、马衡、毛子水、严文郁、向达等,"寻访文澜阁"之陈训慈、徐伯璞等,"数学家与图书馆"之华罗庚、陈景润。在这类故事中,铁猊先生既重视闻名遐迩的名人,也不避并非广为人知的人物。例如:"清华人与清华馆"记述的是陈寅恪、钱钟书、季羡林、于光远等大家,而"清华'守望者'"则记述的是普通"名人"毕树棠。

其三,以事说事。此类故事,不以人物为中心,大多是就事说事,其间提及一些人物。例如:"谷歌与数字图书馆"、"中国科学社与明复图书馆"。

名人与图书馆是一个很不好写和很难写的主题,因为要了解一位名人的生平事迹往往需要耗费大量的时间和精力,没有材料难以写成,材料多了要删繁就简,也比较困难,而要让普通民众阅读起来也感到津津有味则更是难上加难。铁猊先生从上学时就喜爱图书馆,且以"坐拥书城,涉笔成趣"为人生目标,即使是成为图书馆的一员以后仍然坚持自己买书,这样的人在图书馆界并不普遍。因为树立了"坐拥书城,涉笔成趣"的人生目标,他所涉猎的文献相当广泛,从其撰写的有关名人与图书馆的故事来看，大凡名人著述、史料笔记、逸闻趣事、图林掌故等均可信手拈来，文笔流畅，颇有文采，且有个人独到的见地，令人钦佩。

名人与图书馆是一个值得大写特写和持续不断地写的主题，因为图书馆是人们终生学习的知识殿堂，古往今来，大凡名人的成长或成就基本上都与图书馆有着千丝万缕密不可分的关系，迈入图书馆这知识的殿堂即是迈入名人堂的重要一步，虽然图书馆并非万能，但是用好图书馆则可以万能。正因为如此，宣扬传播名人与图书馆的故事，对于弘扬图书馆事业和促进全民阅读，其善莫大焉。

是为序。

程焕文

2011 年 3 月 27 日

于广州中山大学康乐园竹帛斋

目　录

以死抗辱之王重民

1975 年 4 月 16 日深夜，北京大学图书馆学教授王重民，在颐和园长廊投缳自尽。其时，已与“文革”初起时的自杀高潮形成“错峰”，但王重民还是以一死对自己近二十年的屈辱做出了断。

王重民（1903—1975）名鉴，字有三，号冷庐主人，河北高阳县西良淀村人，图书馆学家、目录学家、敦煌学家。像当时很多穷学子一样，他的成才之路十分艰难。他父亲是乡村塾师，也是他的启蒙老师，按他自己的说法是“幼承家学”。稍长，考入保定直隶六中。1923 年，王重民在北京参加了北京社会主义青年团。后因在保定六中筹建团支部而遭当局通缉，遂易名为重民，考入北京高等师范学校，师从陈垣、杨树达、高步瀛、傅增湘、黎锦熙、袁同礼等国学大家。王重民的“壮游京师”不单是因通缉，还有逃婚一节，以致生活上已经没有家中接济。困难之中只得以稿费和兼职编辑的微薄薪酬为生。时任北海图书馆馆长的袁同礼恰在北京高等师范学校讲授目录学，见王重民学习刻苦且生活艰难，就介绍他到北海图书馆兼职，不想这一介绍，竟成了王重民步入图书馆学领域的第一步。另外，他还在黎锦熙提示下，编写出《国学论文索引》，这是当时研究国学一部重要的工具书，也是王重民索引学的肇始之作。

在目录学方面，王重民从《老子考》入手，对有关老子的著作近五百种做出著录，特别对书的存世状况做了充分记述。而后，他又开始对藏书家杨守敬的藏书进行整理。杨守敬是清末著名藏书家，曾在清廷驻日公使随员任上，用四年时间从日本搜罗大量珍贵书籍，“日本国中，所有名著、精乘、孤本，一切古籍，几为其收罗殆尽”（《申报》载文）。1915 年杨守敬去世，他的观海堂藏书，一部分收入故宫博物院，一部分入藏松坡图书馆。在王重民的整理过程中，他还将杨守敬所作

《日本访书志》中未收之书题跋集录，辑成《日本访书志补》。同时，他还以在故宫博物院的机会，编写了《四库抽毁书提要》。另外，他还帮梁启超编《图书大词典》。1928 年，他完成学业，在河北大学任国文系主任，同时在国立北平图书馆兼职。由于不堪于保定北平之间的来回奔波，遂辞去河北大学教职。1930 年任北平图书馆编纂委员会委员兼索引组组长。

说王重民成才艰难不如说幸运，能就学于如此众多大师级的人物并得到赏识、得到栽培与提携，确实非常难得。接下来的简历，按时间顺序排列如下：

1934 年，奉派赴法国巴黎国立图书馆搜集流落海外的敦煌资料，协助戴密微整理敦煌文献；

1939 年受聘于美国国会图书馆，整理馆藏中国善本古籍；

1947 年归国，任北平图书馆参考组主任，并受聘于北京大学；

1949 年后，任北京图书馆副馆长，北京大学图书馆专科教授、主任；

1956 年任北京大学图书馆系主任。

这里面有些情节要做出说明。清末学者李慈铭以《越缦堂日记》称世。此书一时洛阳纸贵，有“生不愿作执金吾，惟愿尽读李公书”之语流传。李氏身后，全部越缦堂藏书一百三十余箱、两万余册收入北平图书馆。王重民辑录李慈铭在书上的批校文字，编成了《越缦堂读书记》、《越缦堂读史札记》。

当时北平图书馆和欧美各大图书馆都订有学术交流的协议，袁同礼先是派王重民和向达赴英法进行学术考察。又因与法国图书馆订了互相交换馆员协议，遂又派王重民到巴黎编伯希和劫走的敦煌遗书目录，所成《伯希和劫经录》后收入《敦煌遗书总目索引》。另外，王重民辑出敦煌遗书中有关四部书的资料结集出版，还拍摄了一定数量的缩微胶卷，这些都是他在我国敦煌学研究工作上做出的重要贡献。

在国外期间，王重民在重点研究敦煌学之外，还大量访求流散海外的中国古籍善本。著《中国善本书提要》，内中收文四千四百余篇。

他还在太平天国文献和唐诗残卷佚诗等方面有所收获。

1937年抗日战争爆发,王重民意欲回国抗战。袁同礼劝他继续留在国外工作。几年间他在法、英、美、梵蒂冈等国继续研究工作。特别是在1941年,南迁上海的北平图书馆"平馆善本"要转移美国,王重民赶回上海,与北平图书馆驻上海办事处负责人钱存训一道,在全部六万册典籍中精选出善本近三千种,分装一百零二箱,以美国国会图书馆在华所购新书名义,秘密通过已被日军封锁的上海海关,交运美国国会图书馆寄存。接下来的几年时间里,王重民在美国国会图书馆拍摄这些典籍并做出提要。

1947年,王重民向北大校长胡适提出在图书馆学小组基础上开办图书馆专修科获得批准,并延聘毛子水、赵万里、袁同礼、于光远、傅振伦、王利器、刘国钧等为师,就此为北京大学图书馆学系的建立奠定基础。

1949年,北平图书馆馆长袁同礼离职赴美,于是,兼任副馆长的王重民即代行馆长之职。

王重民的屈辱是从1957年开始的。"反右运动"中,他响应号召,给某些领导以及军代表提了意见,被打成右派而且是大右派,与黄现璠、向达、雷海宗、陈梦家等人并称史学界五大右派。降级、降薪,系主任职务亦被免去。

1960年,王重民重返北大课堂,教授《中国目录学史》。有人回忆,系里人既不叫他教授也不叫他同志,只叫他王教员。其尴尬情形可以想见。

1966年的"文革",是知识分子最集体性的劫难,北大大部分教授曾经被集中关押在校内建成的黑帮大院之中。季羡林先生的《牛棚杂忆》对这段生活有悲切的描述。其中一节专门写到王重民,我把它抄录于下:

图书馆学系一教授

这位教授做过北京图书馆的馆长,是国内外知名的图书馆学家和敦煌学家。我们早就相识,也算是老朋友了。这样的人在十年浩劫中难以幸免,是意中事。我不清楚加在他头上的是些什么莫须有的罪名。他被批斗的情况,我也不清楚。不知道是怎样一来,我们竟在牛棚中相会了。反正我们现在早已都变成了哑巴,谁也不同谁说话。幸而我还没有变成瞎子,我还能用眼睛观察。

在牛棚里,我辈“罪犯”每天都要写思想汇报。有一天,在著名的晚间训话时,完全出我意料,这位老教授被叫出队外,一记清脆响亮的耳光声在他脸上响起,接着就是拳打脚踢,一直把他打倒在地,跪在那里。原来是他竟用粗糙的手纸来写思想汇报,递到牢头禁子手中。在当时那种阴森森的环境中,我一点开心的事情都没有。这样一件事却真大大地让我开心了一通。我不知道,这位教授是出于一时糊涂,手边没有别的纸,只有使用手纸呢?还是他吃了豹子心老虎胆,有意嘲弄这一帮趾高气扬,天上天下,唯我独尊的牢头禁子?如果是后者的话,他简直是视这一般手操生杀大权的丑类如草芥。可以载入在旧社会流行的笔记中去了。我替他捏一把汗,又暗暗地佩服。他是牛棚中的英雄,为我们这一批阶下囚出了一口气。

在文中,季羡林先生列出两种可能,一是身边只有草纸,一是故意而为之。如果想到著名版本学家如王重民者,连纸的年代都可以断定,岂能糊涂到把草纸拿来乱用?现在人常说,人的性格就是他的命运。我没有可能接触王重民,不知道他的性格如何,但从他九年之后的以死抗辱可以推断,“视丑类如草芥”的行为举止,于他是相合的。

1975 年,正处于“丑类们”最后的疯狂阶段,让王重民做出极端行为的是“儒法斗争”中的一件事。

1974 年,福建泉州发现一本李贽的《史纲评要》,据说是海内孤本。这引起以法家自居的“四人帮”的极度亢奋。为了宣扬此书价值,煞灭一些学者的质疑,他们把王重民请去做“鉴定”。王重民以他老到的功力,不单指出此书并非孤本,还认定此书乃他人托伪之作,根本不是李贽的作品。

人生在世,很多情况下,说真话是要有勇气的。在那帮“丑类”的淫威之下,如果想说真话,想有尊严有体面地活着,竟要付出生命的代价!王重民自杀了,他以死抗辱,以死维护了中国知识分子最后的一点尊严。王重民热爱生活、热爱书、热爱他从事了五十年的图书馆事业,可能他只想做做学问教教书抄抄敦煌卷子,像蠹虫一样钻进书堆……行文至此,我竟有一种不知所云的感觉,忽然想起北岛的诗句:

这普普通通的愿望,
如今成了做人的全部代价。

王重民一生著作 177 种。1984 年,王重民所著《中国善本书提要》在其死后九年得以出版。2003 年 9 月,国家图书馆古籍善本部出版的第十一期《文津流觞》,是王重民先生诞辰一百周年的纪念专刊。多位学人及先生生前弟子发表文章,权作对先生在天之灵的告慰。

(2008 -8 -5)

国立北平图书馆记碑散记

在国家图书馆古籍馆东院，几株高大的银杏树下有一通碑，与《文源阁记》碑一西一东，并列而立，这就是国立北平图书馆记碑。碑立于1931年6月25日，为纪念国立北平图书馆建成事，蔡元培撰文，钱玄同书丹。

这是有关国家图书馆历史沿革的重要文献，值国图建馆百年之际，特约友王龙专往，摩挲辨认，抄录碑文如下：

北平图书馆碑

國立北平圖書館記

蔡元培撰　錢玄同書

國立北平圖書館者教育部原有之國立北平圖書館与中華教育文化基金董事會自辦之北平北海圖書館合組而成者也舊隷教育部之國立北平圖書館初名京師圖書館成立於民國紀元前二年館址僦十刹海廣化寺充之民國二年設分館於宣武門外前青廠未幾本館停辦移貯圖書於教育部四年部議以方家胡同前國子監南學房舍為館址籌備改組六年一月開館十七年七月更名曰國立北平圖書館十八年一月遷館址於中海居仁堂館中藏有文津閣四庫全書一部唐人寫經八千六百五十一卷又有普通書十四萬八千餘冊善本書二萬二千餘冊明清輿圖數百軸及金石墨本數千通均希世之珍也顧以館址無定灾損堪虞民國十四年

中華教育文化基金董事會成立即有与教育部合組國立京師
圖書館之議而牵於政局未能實現董事會遂購置御馬圈地繪
圖設計籌建新館同時在北海賃屋組織北京圖書館於十五年
三月成立還都後更名曰北平北海圖書館三年以來規模略具
共購置中文書籍八萬余册西文書籍三萬五千餘册分類編目
与各種書籍標誌索引之纂輯均次第舉行出版事業亦已開始
此兩館未合併以前之略史也新館之建築工程實始於十八年
三月是年六月董事會舉行第五屆年會教育部重提兩館合組
之議經董事會通過仍用國立北平圖書館之名而權以第一館
第二館別之今茲新廈告成乃合兩者之所藏而萃於一館焉新
館之建築采取歐美最新之材料与結構書庫可容書五十萬册
閲覽室可容二百餘人而形式則仿吾國宫殿之舊与北海之環
境尤稱自茲以往集兩館弘富之蒐羅鑒各國悠久之經驗逐漸
進行積久弥光則所以便利學術研究而貢獻於文化前途者庸
有既乎爰誌緣起用勖將來

中華民國二十年六月二十五日

碑文计六百四十八字，隶书字体。为保持碑文原貌，我特地采用繁体录文（钱玄同先生也用了几个简体字，照录其中），也没有自作标点，只是没做竖排。

蔡元培时任国立北平图书馆馆长，撰写碑文应该非他莫属。关于蔡元培，我曾写过一篇，这里不再赘述。说说钱玄同。

钱玄同（1887—1939）原名钱夏，字中季，号德潜，又号疑古。浙江吴兴（今湖州市）人。著名学者。他早年在日本加入同盟会，并师从章太炎学文字学。1910 年回国后，先后在浙江和北京等地中学任教，1916 年任北京高等师范学校教授兼北京大学教授。1917 年，他先是投书《新青年》，对胡适的《文学改良刍议》表示声援。随后他成为《新青年》的编辑，并成为新文化运动最主要、最积极的倡导者。

既是章太炎的得意弟子，旧学功底自然十分了得。但钱玄同却对旧学持最彻底的反对态度，“选学妖孽、桐城谬种”——指斥之激烈一时无出其右者。对于创新,他更是多有建树,我们现在的文章标点,阿拉伯数字,公元纪年,从左往右的横排书写,简化字以及汉语拼音等等多是由他首倡的。

钱玄同是率性之人,自然会生出许多故事。他曾与刘半农约好,他先以王敬轩为笔名在《新青年》上发文章,再由刘半农发文与之争论,演了一场“双簧”戏。争论中,把新文化运动的观点尽情阐述,收到引发思索、扩大影响、宣传主张之奇效。这一幕,让人想到小说《牛虻》中的情节:牛虻曾在佛罗伦萨《教徒报》上与“匿名辩护者”展开一场激烈而精彩的辩论。那也是一场“双簧”,却是由牛虻一个人扮演的。

他与鲁迅之间的“故事”更有传奇性,完完整整记录在鲁迅《呐喊》的前言上:

……

S会馆里有三间屋,相传是往昔曾在院子里的槐树上缢死过一个女人的,现在槐树已经高不可攀了,而这屋还没有人住;许多年,我便寓在这屋里钞古碑。客中少有人来,古碑中也遇不到什么问题和主义,而我的生命却居然暗暗的消去了,这也就是我惟一的愿望。夏夜,蚊子多了,便摇着蒲扇坐在槐树下,从密叶缝里看那一点一点的青天,晚出的槐蚕又每每冰冷的落在头颈上。

那时偶或来谈的是一个老朋友金心异,将手提的大皮夹放在破桌上,脱下长衫,对面坐下了,因为怕狗,似乎心房还在怦怦的跳动。

“你钞了这些有什么用?”有一夜,他翻着我那古碑的钞本,发了研究的质问了。

“没有什么用。”

“那么,你钞他是什么意思呢?”

“没有什么意思。”

“我想,你可以做点文章……”

我懂得他的意思了,他们正办《新青年》,然而那时仿佛不特没有人来赞同,并且也还没有人来反对,我想,他们许是感到寂寞了,但是说:

“假如一间铁屋子,是绝无窗户而万难破毁的,里面有许多熟睡的人们,不久都要闷死了,然而是从昏睡入死灭,并不感到就死的悲哀。现在你大嚷起来,惊起了较为清醒的几个人,使这不幸的少数者来受无可挽救的临终的苦楚,你倒以为对得起他们么?”

“然而几个人既然起来,你不能说决没有毁坏这铁屋的希望。”

是的,我虽然自有我的确信,然而说到希望,却是不能抹杀的,因为希望是在于将来,决不能以我之必无的证明,来折服了他之所谓可有,于是我终于答应他也做文章了,这便是最初的一篇《狂人日记》。从此以后,便一发而不可收,每写些小说模样的文章,以敷衍朋友们的嘱托,积久了就有了十余篇。

文中所说的金心异就是钱玄同。

钱玄同擅书法,尤擅隶、篆。他写的《国立北平图书馆记》碑拙朴典雅,是隶书中的上品。他的篆书作品,有用小篆抄写章太炎的《小学问答》刻印出版。(另外,《国立北平图书馆记》碑顶部有篆体“国立北平图书馆碑记”九字,应该也是钱玄同所书)而就是如此恣意挥洒之人,却竭力主张废除汉字,喊出了“汉字不死,中国必亡”这样的极端断语。孙郁先生说钱玄同他们那些人是矛盾的,是在“抉心自食”,说他们“攻击最猛烈的东西,恰恰是占据他们心灵最久远的存在。”在我抄碑的过程中,孙郁先生的议论让我品味再三,萦绕始终。

碑文中有一字,连擅长篆刻的王龙也拿不准。从上下文推断应是“舊”字,我后来找专门的字典查明,这个字是钱玄同从《礼器碑》的汉隶上“照搬”下来的。

《国立北平图书馆记》碑并非新碑,此碑原为清乾隆御制《教谕骑射》碑,乾隆十七年(1752)时立于圆明园“山高水长”楼前,碑文为汉、满两种文字,意在教训八旗子弟继承骑射传统。《国立北平图书馆记》的碑文刻在《教谕骑射》碑的背面,颠倒过来,原来的碑文就成为背面了。我在抄碑文时,看了一下背面的教谕骑射碑文,与前面的碑文不一样,汉字字体为宋体,字也比较小,同样刻得比较浅。由于时间长,不太好认了。

1937 年日军占领北平,钱玄同由于患病没有随校内迁,但他誓死不任伪职。他有个侄子钱稻孙与他同岁，也是个知名学者，却因出任伪北大校长而失节。1939年，钱玄同突发脑溢血逝世，年仅五十二岁。当年《文献》刊登了乐颜《悼钱玄同先生》一文，文中说他“壮年以斗士领导青年，中年以学者努力学术，晚年以义士保持名节”。这样的评价，他当之无愧。

（2008－9－10）

书呆子莫来馆

我供职的朝阳区图书馆位于北京朝阳区小庄，在南京，也有个地名叫小庄（后改为晓庄），也同样有过一座图书馆。它的建成时间要早得多——1927 年。当时陶行知在南京办晓庄师范，这座图书馆就是晓庄师范的校图书馆，他给图书馆起了个很怪的名字——书呆子莫来馆。

陶行知（1891—1946），原名文浚，后改知行，又改行知。安徽歙县黄源村人。陶行知小时家境清贫，由于天资聪颖又勤奋好学，邻村的一位塾师认他为可教之才，免费让他入塾读书。他十五岁考入县城的崇一学堂，学堂为教会所办，同样也是免费，课程中有英文、数学、理化等，陶行知就此开始接受西方新式教育。十七岁入杭州广济医学堂，医学堂也是教会办的。由于学堂规定只有入教才可以免费进医院实习，这让陶行知感到违背意愿，于是从医学堂退学，考入南京汇文书院，第二年转入金陵大学文科。1914 年，他以第一名的成绩毕业于金陵大学，随即赴美留学，先后就读于伊利诺大学和哥伦比亚大学，学习市政学、教育学，获文科硕士学位和都市学务总监资格文凭。在哥伦比亚大学他师从哲学家杜威。他与胡适同岁，又同样为杜威的学生。杜威的中

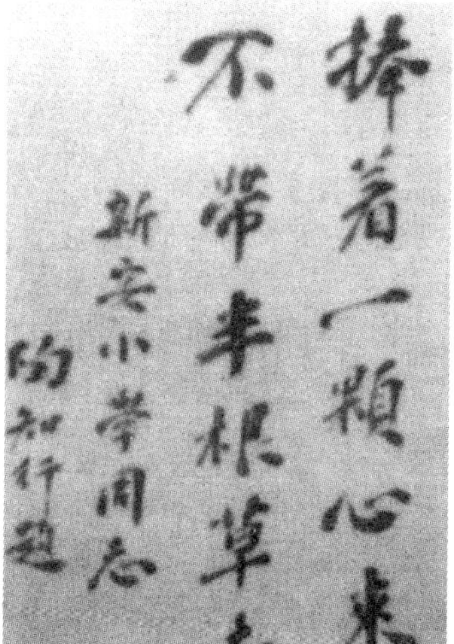

陶行知题字

国学生还有张伯苓、蒋梦麟、郑宗海，几人竟都是中国教育界的顶级人物。

陶行知1917年回国，历任南京高等师范学校（后改为东南大学）教授、教务长、教育专修科主任，南京安徽公学校长，《新教育》杂志主编，中华教育改进社主任干事以及《新教育评论》杂志主编等职。由他发起的中华教育改进社还有后来与他人联合发起组织的平民教育促进会专注于平民教育，他与人合编了《平民千字课》并在冀、察、苏、浙、皖、赣、豫、鄂等省大力推行。他还特别关注乡村教育，曾立下志愿，决心“征集一百万位同志，提倡一百万所学校，改造一百万个乡村”。1927年3月，他在南京燕子矶附近的小庄，创办了一所实验乡村师范学校——晓庄学校，专门为乡村培养小学教师。

陶行知像

学校的招生考试很有意思，除了卷面考试之外，还要求考生脱下长衫，用锄头开荒。考官陶行知也一身短衫草鞋打扮，他对考生说：“你们要下乡了，以后要和农民做朋友，要为三亿四千万农民烧心香，替中华民族创造一个新生命。今天要举行一个特别的考试，看看你们能不能吃得起苦，将来能不能成为一个农民欢迎的教师。”在这场特别考试中，十三名考生都得了100分，他们成为了陶行知最早的“十三门徒”，其中有清华大学的毕业生操震球和中华书局编辑程

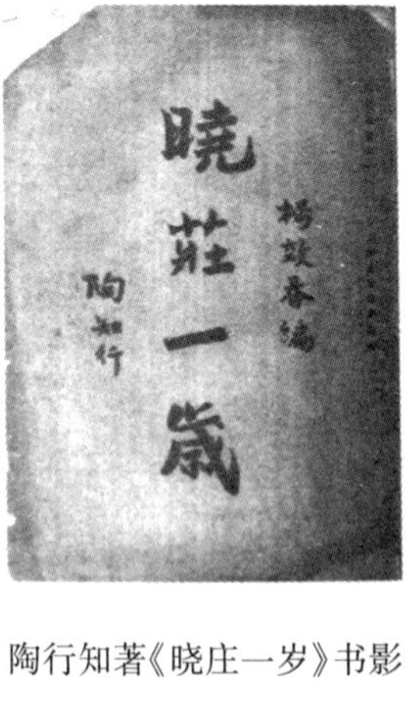

陶行知著《晓庄一岁》书影

本海。

陶行知不光是杜威教育理论的传播者,还是实践者和发展者。他把杜威"平民教育"的思想与中国社会实际相结合,提倡并实践中国的乡村教育。他发挥杜威的"教育即生活"思想,提出"生活即教育",倡导在社会实践中学习的学习方法,对书呆子式学习持完全的否定态度。在晓庄师范的招生广告上,他曾这样写:"小名士、书呆子、文凭迷,最好不要来。"他把晓庄师范的校图书馆命名为"书呆子莫来馆"同样是他这种观念的反映。1929年,陶行知在中华图书协会第一次年会上说:"世上有两种人生活极无意义:一为读书而不做事,一为做事而不读书。此两种人之生活各有所偏,均属毫无意义。敝校(指晓庄师范)现在造一小规模之图书馆。其名似嫌太长,名为'书呆子莫来馆',盖专为用书而设,非为书呆子而设也。余常谓酒迷、色迷、财迷,与书迷实同一意义。酒迷为酒所迷,色迷为色所迷,财迷为财所迷,而书迷亦同样为书所迷,换言之,即为书所役。图书馆之设置,对此点须特别注意,不然即失去图书馆之真意义矣。"他后来又说:"中国有三种呆子:书呆子、工呆子、钱呆子。书呆子是读死书,死读书,读书死。工呆子是做死工,死做工,做工死。钱呆子是赚死钱,死赚钱,赚钱死。对于书呆子我是劝他们少读点书,多干点有意义的事,免得呆头呆脑。因此,我从前在晓庄办了一个图书馆,叫做'书呆子莫来馆'。但是一方面叫书呆子不要来,一方面为什么又要图书馆呢?要叫工呆子钱呆子多看些书,把头脑弄得清楚一点,好把世界的事看个明白。但书是一种工具,只可看,只可用。看也是为着用,为解决问题。断不可以呆读。认清这一点,书是最好的东西,有好书,我们就受用无穷了。正是:'用书如用刀,不快自须磨,呆磨不切菜,何以见婆婆。'"

书呆子莫来馆有藏书两万多册,在当时南京的学校图书馆中是很具规模的,但据说书的排列十分杂乱。一次,两位学生初到图书馆,对于排在架上的书十分失望。正巧在馆的陶行知帮助学生在书堆里找,找出了不少好书。原来,在当局查禁下,很多书都成为禁书,图书馆不得不将书杂乱堆放以逃避检查。学生恍然大悟:只看表面,不探究竟,岂不就是书呆子？这样的书呆子来了也没用，还是“莫来”的好。

1930年4月，国民党政府以“勾结叛逆，图谋不轨”为借口取缔了晓庄学校，书呆子莫来馆当然也就不复存在。但陶行知不会止步，他依然努力于平民教育事业。1931年他来到上海，先后创办了“山海工学团”、“晨更工学团”、“劳工幼儿团”，首创“小先生制”，成立“中国普及教育助成会”，开展“即知即传”的普及教育运动。他还发动社会人士捐赠图书一万余册办了一所“萧场流动儿童图书馆”，用流动图书车送书到各点巡回借阅。1938年，他在香港创办中华业余学校的同时，创办了学校附属的“三位一体图书馆”（“三位一体”即既是看书人，又是捐书人，又是馆主人）。1939年，他在重庆开办育才学校，专门在抗战难童之中选拔有特殊才能的孩子进行培养。育才学校也附设图书馆，为保证艰苦条件下师生们也能有足够的“精神食粮”，陶行知规定：“购置图书的钱不能少于买米的百分之二十。”除自行购书之外，图书馆还采取了向附近各地之公私图书馆借书，代管私人图书，接受捐书等办法增加馆藏。经过努力，图书馆已收集到包括《二十五史》《古今图书集成》《万有文库》等图书数千册，到1944年，图书馆总藏书量已达两万册以上。

1946年7月25日，陶行知因脑溢血去世，年仅五十五岁。他的一生，除了贡献于中国的教育事业之外，他还在民族危亡之际，以国民外交使节身份在世界各国间奔走，为中国的抗战争取国际援助，足迹踏遍欧、美、亚、非的二十八个国家和地区。在图书馆事业上，他不单是实践者，在理论上也有建树。他在1935年发表的《流动图书馆与普及教育》以及他在办馆实践中的种种创举至今仍有可借鉴之处。他所创办的中华教育改进社是中华图书馆协会的首倡者，他本人是中华图书馆协会的创办者之一。在《中华图书馆协会概况》这本珍贵文献中，陶“知行”名字赫然在册。

说说陶行知改名的事。陶行知原名文濬，据说是因受王阳明“知行合一”观念影响而改名知行。1934年7月，他又在他自己主办的半月刊《生活教育》上，宣布改名为陶行知。他说过“行是知之始，知是行之成”这样的话，而这应该就是他改名的依据。1919 年时，陶行知的老师杜威曾到过中国。在杜威会见了孙中山之后，曾写信给女儿，信中说：“前总统孙逸仙是位哲学家，这是昨晚我在与他共进晚餐时发现的。他写了一本著作，书中说，中国人的软弱是因为他们接受了以往一位哲学家的说法：‘知易行难’。[①] 所以他们不愿意行动，害怕在行动中犯错误而无所作为。而日本人的力量正在于，他们即便在无知时也去行动，通过自己的错误进行认知。这本书以此向人们证明，行动要比认知更为容易。”在“行”与“知”的思考上，不知陶行知是否也受到孙中山的影响？

被陶行知改过名的还有小庄，是他在建晓庄师范时改为晓庄的。意思是要未来的乡村教师们，像农夫一样拂晓即起“日出而作”。同时改名的还有学校旁边的老山，改作劳山，其义自明。不想改名之后的二十年，他自己就葬在了晓庄的劳山之麓。

现今，陶行知家乡的崇一学堂已改为陶行知纪念馆。馆内主厅悬挂着宋庆龄女士所题匾额，上书“万世师表”。墙上还悬挂着陶行知自己的题字：“我是一个中国人，要为中国作一些贡献。”他用自己一生的作为，实现了自己的承诺。

（2008－10－9）

---

① 知易行难：《尚书·说命中》：“说（傅说）拜稽首曰：‘非知之艰，行之惟艰。”孔安国（孔子十一世孙）传：“言知之易，行之难。”

书魂永不散藏园

“书魂永不散藏园”，这是伦明在《辛亥以来藏书纪事诗》中咏傅增湘诗中的一句。伦明是藏书家也是教授，曾在北大讲授目录学。傅增湘更是藏书家，他的藏书楼叫双鉴楼。

傅增湘（1872—1949）字沅叔，号姜庵，别号书潜、双鉴楼主人、清泉逸叟、长春室主人、藏园老人、藏园居士，四川江安县人。幼年入塾读书，后随父宦游江浙等地，光绪六年（1880）定居天津。光绪十四年（1888）应顺天乡试中举。光绪二十四年（1898）中进士，授翰林院编修，后任直隶提学使，创办天津北洋女子师范学堂和京师女子师范学堂。民国六年（1917）出任北洋政府教育总长。“五四”运动时，因反对当局罢免北大校长蔡元培而被免职。后专心从事古籍收藏和校勘工作。1927 年任故宫博物院图书馆馆长。

傅增湘故居（摄于 2008 年）

饱受诟病的中国科举制度，恐怕也不是一无是处，至少它在设置理念上相对平等，虽然只是黑格尔所说的“卑微的平等”。有说英国的文官制度就借鉴了中国的科举制度。我不了解英国文官制度,不知这话是否可信,但我知道中国历史上的确有不少科场“培育”出来的胜者,他们既做得官也做学得问,且都能做得很好,词章、书法更是不在话下。傅增湘就是其中一个。傅增湘身处中国社会的巨变时期,他是清末的教育官员,在任上建起两座观念超前的新式学堂。民国时期,他更是做到了教育部门的最高长官,他的下属中就有鲁迅和张宗祥,当年是他委派张宗祥到京师图书馆做主任的。中年以后他专注于藏书,成为辛亥以来最大的藏书家,在版本学、目录学、校勘学方面亦取得卓越成就。

他的藏书缘起于“南北议和”。1911年辛亥革命爆发后,义军占领了包括南京在内的中国南方大片地方,清廷被迫委派袁世凯主持“南北议和”。和谈地点设在上海,和谈开始时间是1911年的11月末,北方代表为唐绍仪,南方代表是伍廷芳。傅增湘作为唐绍仪的随员一同到了上海。在上海期间,傅增湘结识了著名藏书家沈曾植、杨守敬、缪荃孙等人,如他自己所说:“饫闻绪论,始知版本讎校之相资,而旧刻名钞之足贵,遂乃刻意搜罗。”他生平购得的第一部珍贵典籍宋版《新刊诸儒批点古文集成》,就是那时以百金购自苏州的。后来在北京,他成为琉璃厂、隆福寺的常客,还南下江浙皖等地甚至东渡日本访书。每遇善本,便如“蚁之集膻,蛾之扑火”,志在必得。民国初年的社会动荡,致使不少皇亲贵族、藏书故家的藏书纷纷散出,其中包括端方的“匋斋”、景廉的“半亩园”、盛昱的“郁华阁”、聊城杨氏的“海源阁”的珍品,这给了傅增湘的藏书事业发展以难得机会,让他建成了他的藏园“双鉴楼”。

傅增湘在藏园

1918年,傅增湘在北京购得一处房产,地点在西四北五条胡同7号。西四北五条当时叫石老娘胡同,北京人过去管接生婆叫老娘,胡同因有石姓接生婆而得名。7号院原为咸丰进士、通政史永顺的府邸，两进院落，附东西跨院。东跨院内，有假山及六角攒尖亭。傅增湘将这座院命名为“藏园”。

藏园之名源于苏东坡诗。苏东坡曾有一首《病中闻子由得告不赴商州诗》，诗中有“惟有王城最堪隐，万人如海一身藏”句。一方面出于对苏东坡的景仰，另一方面是这两句诗恰与他当时的心境相契合，所以傅增湘将宅院命名“藏园”，而园中藏书之处叫做“双鉴楼”。

双鉴楼的名字也是有来历的。鉴，最早的意思是盛水用的铜盆，由此引申为照见。从《诗经》中的“殷鉴不远”开始，又有了以史为鉴的一种说法。而在宋朝司马光写了《资治通鉴》以后，鉴字又往往专指《资治通鉴》这本书了。双鉴楼里的双鉴，原来就是两部《资治通鉴》，一部是他祖父传下来的元刊本《资治通鉴音注》，另一部是他自己购得端方的宋刊本《资治通鉴》。他把这两部宋元本的《资治通鉴》并称“双鉴”，而把自己的藏书楼题做“双鉴楼”。但后来他又购得盛昱所藏《洪范政鉴》，便以《洪范政鉴》取代《资治通鉴音注》的地位，这样，双鉴楼的双鉴，一本是《资治通鉴》，另一本则是《洪范政鉴》了。

《洪范政鉴》为北宋仁宗皇帝赵祯所撰，记述自春秋至宋历朝天文地理等方面的异象，对应天子言行与朝代兴衰，列出“休证”和“咎证”，以为后世之鉴。该书十二卷，桑皮玉版，蝴蝶装，[①]为南宋淳熙十三年内府写本，朱印累迭，七百多年间一直深藏于历朝内府，确为人间罕见珍宝。除了这三部书之外，双鉴楼还藏有其它大量宋元刻本，据统计，双鉴楼所藏宋本（包括金本）多达一百五十种，元本数十种，明清精刻本、名钞本、名校本更是不计其数，总量达二十万卷以上。

1911年辛亥革命，清廷宣布退位，根据当时临时革命政府对清皇室的优待条件，逊帝溥仪仍居皇宫后部的“内廷”。而“前廷”则改为古物陈列所，陈列品除皇宫原有文物之外，还有从沈阳故宫和承德避暑山庄移来的部分文物。1924年，冯玉祥发动“北京政变”，组织摄政

① 蝴蝶装：中国古籍装订方法之一。随雕版技术的发展而出现，主要流行于宋代。由于书页单面对折而装，打开时如蝴蝶状，故名。

内阁,修改对清皇室优待条件,将溥仪驱逐出宫,并组织成立“办理清室善后委员会”,负责清理清皇室资产及处理善后事宜。1925年9月,故宫博物院成立。“办理清室善后委员会”制订并通过了《故宫博物院临时组织大纲》,设临时董事会“协议全院重要事物”,又设临时理事会“执行全院事物”。故宫博物院下设古物馆和图书馆,易培基任古物馆馆长,陈垣任图书馆馆长,皇宫内文渊阁《四库全书》就在图书馆辖内。1927年,傅增湘任故宫博物院图书馆馆长,但任职时间不会太长。因为在1928年6月,南京国民政府接管了故宫博物院。10月,图书馆馆长一职就改由庄蕴宽担任了。

傅增湘不单藏书,他还是藏书与读书、校书、著书、出书相并重的藏书家。对于自己“深嗜笃好”的“校雠之业”,他曾经有过这样的描述:“灯右雠书,研朱细读,每日率竟千行,细楷动逾数万,连宵彻旦,习以为常,严寒则十指如锥,烨暑则双睛为瞀,强自支厉,不敢告疲。”据统计,他一生校书一千多部,一万六千多卷,是民国以来校勘古书最多的人。他著书也很多,重要的有《双鉴楼善本书目》《双鉴楼藏书续记》《藏园群书题记集》《藏园群书题记》《藏园群书经眼录》《藏园居士六十自述》《藏园居士七十自述》《东游别录》《秦游日录》等,这其中既有版本目录学、校勘学方面的著作,也有游记、回忆录之类的散文著作。除自己作品之外,傅增湘还影印、覆刻了大量的古籍善本,其中有宋本《周易正义》《方言》《刘宾客文集》,元本《困学纪闻》以及明本《永乐大典》两卷等。其中《周易正义》十四卷,系宋绍兴十五至二十年间临安府刊本。此书藏于临清徐氏,民国二十三年(1934)傅增湘以万元买进。买进后,他并未秘藏私室,而是将书送到日本影印一百部,做到了如他所说“俾数百年孤行之秘籍,化为百本,流播无穷”。

与很多藏书家一样,傅增湘也十分注重对故乡文献的收集整理和传播。有经十多年搜罗辑成的《宋代蜀文辑存》一百卷和有《蜀贤丛书》十二种刊印。在《宋代蜀文辑存》书中,收录两宋年间四百五十位四川乡贤的文章二千六百余篇。

除了自己印书之外,双鉴楼藏书也多有借出作刊印底本者。商务印书馆张元济影印《四部丛刊》时，就曾借善本书三十余种，《百衲本二十四史》中也用过多种。朱祖谋、徐乃昌、董康、陶湘、吴昌绶等人在刊印古籍时也曾借用。

傅增湘虽然赋闲在家，但结交非常广泛，与当时很多学者、藏书家都往来频繁。其中特别要提到的是张元济，他们相识于1911年，相互往来近四十年，直到1949年傅增湘逝世。一部记录他们书信往来中论书部分的《张元济傅增湘论书尺牍》（商务印书馆1983年版），字数竟达三十多万。1949年9月，张元济从上海到北京参加第一届全国政协，期间曾两次去傅家探望贫病交加的傅增湘。对于当时的情景，张元济在日记中有这样的描述："（傅）卧不能兴，舌本艰涩，语不成，偶有一二语尚能达意。见余若喜若悲。"为此，张元济专门致信陈毅，以傅增湘窘境相告。据说后来陈毅曾持周恩来亲笔信前往傅宅探望，而傅增湘已然离世。

傅增湘人生一大败笔就是在北平沦陷期间出任东亚文化协议会会长。虽然这只是个名义上的民间组织，但终究是日伪统辖下的帮闲机构。比之对于周作人、褚民谊、钱稻孙，人们对傅增湘还是相当宽容的。至于藏园双鉴楼的藏书，遵傅增湘嘱，其后人将藏书分赠给了北京图书馆和四川大学图书馆。在《北京图书馆善本书目》上，著录傅增湘所赠善本就达二百八十种之多，其中就包括双鉴楼的"双鉴"。日前我曾到西四北五条寻访傅增湘故居，像北京大多数四合院一样，早就变成面目皆非的大杂院。书魂仍在，藏园难寻。

还有，1925年中华图书馆协会成立时，傅增湘是其下设的编目委员会主席。

傅增湘死后，他的书桌、砚台、笔筒等遗物也捐给了北京图书馆。

（2008－10－23）

“守护之神”蒋复璁

蒋复璁(1898—1990)字美如,号慰堂,浙江硖石人,著名图书馆学家。他是藏书家蒋光煦之曾孙,是军事家蒋百里之侄,是诗人徐志摩的表弟,是物理学家钱学森的堂内兄,是学者王国维、张宗祥的同乡……当然还有著名藏书家、版本学家陈乃乾。硖石,竟是何等人杰地灵之所在!

蒋复璁像

蒋复璁1923年毕业于北京大学。他学的专业是哲学,但一毕业却先进入了图书馆专业。当时梁启超在北京创办松坡图书馆,蒋复璁在馆里担任编辑工作。1926年3月,中华文化教育基金会开办的北海北京图书馆成立,馆长也是梁启超,蒋复璁又到北海图书馆担任编辑,负责中文图书编目。中华文化教育基金会是美国于上世纪20年代建立起来的组织,旨在利用美国退还的庚款发展中国的文化教育事业,而后于1931年建成的国立北平图书馆新馆以及1935年建成的北京大学图书馆同样是由中华文化教育基金会出资、也就是用美国和英国庚款建成的。

蒋复璁一毕业就进入松坡图书馆,其中颇有缘由:其一,他是蒋百里的侄子,而蒋百里当时是与梁启超共同创办松坡图书馆的;其二,在馆内工作的徐志摩是他表哥,他们年龄相仿,情趣相投,能在一起工作当然好,况且松坡图书馆还是当时北京社会名流最主要的聚会场所,这对蒋复璁的吸引力自然不在话下。还有,作为著名藏书家的后代,进图书馆也算是继承家学了。不想几年的图书馆工作经历,却让蒋复璁真的喜欢上了图书馆专业,所以当1930年他被浙江省选派赴德留学，除在柏林大学继续学习哲学之外，他同时还进入大学的图书馆学院学习，并在普鲁士邦立图书馆担任客座馆员。1932 年学成回国，蒋复璁立即被委派担任国立中央图书馆筹备处主任，那年他三十四岁。

南京成贤街原国立中央图书馆

国立中央图书馆是由南京政府教育部主办的，大约是要以此取代国立北平图书馆的国家图书馆地位。筹备处设在南京成贤街，原中央研究院总办事处旧址。筹备处除筹办图书馆之外，还要开展教育部“出版品国际交换部”工作，不光要进行国际之间的出版物交换，还必须将交换来的出版物对公众开放——这是中国在 1925 年就签署了的《布鲁塞尔协定》中所规定的。由于筹备处经费有限，很难拿出像样的书刊与他国交换，蒋复璁于是想到《四库全书》，他申请将《四库全书》影印，以此作为对外交换物。经过批准，蒋复璁委托上海商务印书馆选文渊阁本《四库全书》中二百三十二种、一千九百六十册精品影印，题名为《四库全书珍本初集》，于 1935 年出版。出版后，商务印书馆给中央图书馆筹备处一百套书权充版税，蒋复璁即以这一百套书作为交换物，进行出版品国际交换工作，换得大量珍贵书籍，其中包括不少国外论述中国的作品，如1771年Osbeck. Peter所著《中国和东方航海记》(*A Voyage to China and East*)，1804年Barrow. John所著《北京及其它地区的旅行》(*Travels in China. Peking to Canton*)，1863年Knight. Captain所著《喀什米尔和西藏的徒步旅行记》(*Diary of Pedestrian in Cashmere and Tibet*)，1879年Edikins. Joseph所著《中国人佛教》(*Chinese Buddism*)等。蒋复璁将这些书以及其他交换过来的外文书刊杂志在筹备处对外开放。

1937年抗日战争爆发时，中央图书馆的筹建工作尚未完成，而蒋复璁也正在欧洲访问。1938年初他回国以后，立即投入中央图书馆的西迁工作，打点图书总计一百三十箱。迁抵重庆后，筹备处以川东师范学校大礼堂为办公地点，随即展开各项工作。还另在上清寺租房供出版品国际交换处办公，后又在昆明设立交换处分处，以便就近接收国外交换书刊。(据当事人回忆，这种交换并未因战争而中断，甚至直到20世纪50年代，南京的中央图书馆已改为国立南京图书馆，还是有来自世界各地的书刊寄来。开始是南京图书馆做过编目后转交北京图书馆处理。1954年，"南京图书馆与南京鼓楼邮局协商，凡各资本主义国家寄'南京中央图书馆'、'南京中华图书馆协会于震寰'等的信件书刊，直接由邮局转寄北京图书馆。"——袁斌：《馆史钩沉——原国立中央图书馆出版品国际交换处纪事》)1940年，国立中央图书馆在陪都重庆成立，蒋复璁担任了首任馆长。

在开馆的最初几年，中央图书馆十分重视采购国外参考工具书，如《大英百科全书》，美、法、德、意各国的百科全书。当时书价很高，而购书经费有限，有时一两个月只能买一套大部头的书。然而通过不断地积累以及采用交换等方法，逐渐将各国的工具书和参考书大致配齐。1941年初，蒋复璁还冒险潜往上海，协同张元济、郑振铎等人组织"文献保护同志会"，对沦陷区的古籍展开抢救工作，收集包括大量宋元刊本在内的珍贵古籍三千八百多种，达数万册。

1945年抗战胜利，蒋复璁任教育部京沪区特派员，主持江南地区文教单位接收事宜，据说毛公鼎就是当时他从戴笠手中收归教育部属下的中央博物馆的。他还通过中国驻日军事代表团收回日军从香港劫走的大量珍贵古籍。而临时建在重庆的国立中央图书馆也于 1946 年迁回南京。通过蒋复璁的不懈努力,此时的国立中央图书馆藏书已达一百万册。蒋复璁以这样的业绩,获得了南京政府授予的胜利勋章。重庆的中央图书馆后改为国立罗斯福图书馆,用以收集二次大战史料与联合国机构创设文献,被联合国指定为资料寄存馆之一。1950 年罗斯福图书馆更名国立西南人民图书馆,后更名重庆图书馆。1999 年,重庆图书馆被联合国教科文组织确定为联合国全部文献寄存馆。现在,重庆图书馆与罗斯福图书馆并称,是我国抗日时期出版物以及联合国资料收藏最多的图书馆。

抗战期间,浙江杭州文澜阁《四库全书》辗转运到重庆保存。抗战胜利后,南京政府有意将文澜阁《四库全书》交由国立中央图书馆庋藏,但遭到张宗祥等浙江人士的反对。文澜阁《四库全书》曾大部损毁,全赖浙籍人士艰难补缀而成,当然不愿拱手送出。虽然蒋复璁是中央图书馆馆长,但他也是浙籍,还是张宗祥的同乡晚辈,在《全书》归属问题上大概也只能采取顺其自然态度。《全书》最终还是回了浙江杭州。

在内战败局已定的情况下,1948 年起,南京政府开始筹划往台湾转移图书典籍和珍贵文物。3 月,教育部命蒋复璁组织文化宣慰团,邀集中央图书馆、中央博物院筹备处以及一些收藏名家,各选择所藏图书文物精品,赴台湾省立博物馆举办文物展览。此举乃以展览之名行转移之实。同年,蒋复璁再度奉命,运送第一批共六十箱中央图书馆善本图书至台湾,暂置桃园县杨梅镇仓库。1949 年,又运第二批善本图书文物三百九十八箱至台湾,置台中粮厂仓库,并将第一批运台图书也移并于此。后又有第三批普通本图书一百八十六箱运抵,总计共有六百四十四箱、十三万册图书经蒋复璁之手转移到了台湾。到台湾后,蒋复璁一直计画如何以南京中央图书馆为蓝本在台北重建。先是筹划在台北市南海路植物园内兴建未果,后利用台北市南海路原国语推行委员会的房舍,终于在 1955 年开馆。

其间，蒋复璁也曾到香港教书，也曾在台湾大学讲授国文，1954 年担任台北“中央图书馆”馆长，1965 年任台北故宫院长。

1933 年，日本侵略军严重威胁华北。为保护国宝，故宫博物院的馆藏精品开始南撤。1934 年，北平图书馆也从甲、乙两库中精选古籍珍本五千种、六万余册，计有甲库一百八十箱，乙库一百二十箱，包括敦煌写经八千余卷，历朝碑帖五千种，中西文科技及东方学期刊近四千种，以及西文参考书、历代官书数千册与各省舆图近八千幅等重要馆藏，秘密转移至上海公共租界。后通过中国驻美大使胡适与美国国会图书馆协商，将存沪善本运美保管，商定至战后再行返还。北平图书馆驻上海办事处负责人钱存训与王重民等从全部六万册馆藏中精选出善本近三千种计三万册，分装一百零二箱，于 1941 年秋用商船运送到美国。这批图书就是所谓的“平馆善本”。

在美国军舰的护送下，“平馆善本”于 1965 年 11 月 7 日运抵台湾，在台北“中央图书馆”内当面开箱清点。历时两周，清点完毕。虽然小有出入，但整体之完好还是让国人备感庆幸。

从 1932 年到 1965 年，蒋复璁任馆长三十三年。最初影印《四库全书》成功的鼓舞，让他一直乐于让出版界影印馆藏珍籍，一方面使珍籍得以流传，而图书馆也可用版权书交换西方典籍。不止是书，他还曾精印历代书法名画。他自己著有《珍帚斋文集》一百三十余万字，主编了《徐志摩全集》和《蒋百里先生全集》。他是“中研院”院士，获得过韩国成均馆大学和美国圣约翰大学名誉博士学位。1983 年退休时，台湾当局授予了他二级景星勋章。在一篇文章中，有人称蒋复璁为“国宝守护之神”，我想大约是指他一生中的如下事迹：

1. 建立中央图书馆，并在多次转移中成功保护馆藏典籍；
2. 抗战期间冒险到沦陷区抢救古籍；
3. 收回日军掠去的香港典籍；
4. 成功向美国国会图书馆索回“平馆善本”；
5. 影印出版文渊阁本《四库全书》；

……

当然，蒋复璁还担任过台北故宫院长十七年，那更是“国宝守护之神”的职守所在。

蒋复璁1990年逝世，享年92岁。在逝世前的八年，他就为自己写好了自挽联：

碌碌无能 一生只做一桩事 尝尽酸甜苦辣

劳劳不惜 终岁难偷半日闲 浑忘喜怒哀乐

（2008－10－29）

此木斋非彼木斋

原来写过一篇《卢木斋与木斋图书馆》，讲的是天津藏书家卢木斋。文中提到天津还有一位藏书家也叫木斋，李木斋。

李盛铎（1859—1934）字嶬樵，号木斋，晚号麐嘉居士，江西德化（今九江市）东乡谭家坂人。李盛铎出身官宦人家，五岁时读经习诗文，十一岁就读《经典释文》、《四库全书总目提要》了。中国的科举制度最吃童子功，正是这种童子功，让李盛铎在光绪五年（1879）中举，光绪十五年（1889）乙丑科取殿试一甲第二，高中榜眼。

李盛铎像

从十二岁时起，李盛铎就开始购书、抄书、校书、藏书。他藏书之好源于家传，曾祖李恕在道光初年乃建木犀轩于九江，藏书达十万之数，可惜毁于太平天国之乱。父亲李明墀曾任兵部员外郎，后任湖南、福建巡抚，亦“好藏书，廉俸所余，辄购置经籍，所藏多至数十万卷”。后又经李盛铎近五十年经营，木犀轩藏书达到名满天下的地步。

李盛铎不仅仅是藏书家，他更是清末民初政坛的知名人物。从1889年起，他历任翰林院编修、国史馆协修，出任过江南道监察御史、京师大学堂总办、山西布政使、山西巡抚，出使过日本、比利时。民国时，曾任袁世凯大总统顾问、山西民政长、农商总长、参政院参政、国政商榷会会长等职。他是典型的政客，在政局的不断变化中，李盛铎竟能做到官运不倒，足见他的权变之功。1898年，江南道监察御史任上的李盛铎曾与康有为共同组织保国会，俨然维新派领袖人物。但当他风闻有变便立即反戈一击，抢先连奏三本，弹劾保国会。对此，梁启超曾回忆说:“戊戌三月,康有为、李盛铎等同谋开演说恳亲之会于北京,大集朝士及公车数百人,名其会曰保国。后李盛铎受荣禄之戒,乃除名不与会。已而京师大哗,谓开此会为大逆不道。于是李盛铎上奏劾会,御史潘庆澜、黄桂鋆继之。”戊戌政变之后,李盛铎被委为驻日公使大臣,负责监视逃亡日本的康有为等维新派人物。而这正是他转投后党换得来的宠信。

李盛铎最出风头的莫过于成为出洋考察宪政的五大臣之一。1905 年,慈禧迫于各方面压力,不得不做出预备立宪的姿态,派镇国公载泽、户部侍郎戴鸿慈、兵部侍郎徐世昌、商部右丞绍英和当时的两江总督端方出洋考察宪政。后由于车站炸弹刺杀事件,考察团行期推迟到 1906 年,人员也有变动,时任驻比利时大臣李盛铎和山东布政使尚其亨取代了徐世昌和绍英。考察团分两路考察了日、美、英、法、比、德、奥、丹麦、瑞典、挪威等国,历时约半年。当然这只是当局的作秀之举,对挽救腐朽清王朝并无多少裨益。考察事毕,李盛铎继续在比利时履职,没有记载他对政治改革有什么大的动议。

李盛铎的藏书大约由三部分构成。他年轻时与日本人岸田吟香相识。当时正值日本明治维新初期鄙视汉典古籍的那一阶段,李盛铎假岸田之手搜罗到许多在日本的古刻本、活字本及旧抄本,这些成为他藏书的一个部分。还有就是家传四代的木犀轩藏书,特别是其父李明墀所得湘潭袁方瑛卧雪庐藏书,多有宋元明珍本。再有就是李盛铎五十年间陆续收集来的更为珍贵的典籍。五十年间时局变幻,名家藏品多有流出。李盛铎实力雄厚且眼光独到,又有必得之志,自然收获颇丰。藏书总计有九千多种,五万八千余册。其中宋元古本有三百余种,明刊本二千余种,抄本及稿本二千余种。藏书家伦明推崇李盛铎为“吾国今日唯一大藏书家”。张元济印《百衲本二十四史》,原本中的宋刻本《汉书》《后汉书》《晋书》就是花钱从木犀轩借的。

但李盛铎的藏书与他的为官同样有些路数不正。

1909 年,法国人伯希和将部分窃得的敦煌写本精品出示给罗振玉、蒋斧、王仁俊等人观看,中国学者于是才第一次得知有敦煌文献的存在。罗振玉立即上书学部禀告此事,清政府责令将剩余卷子悉数押运北京封存。押运官是甘肃布政使何彦升,他与李盛铎是儿女亲家。何彦升到京后,并未将经卷交付有司,却直接运到自家老宅的后院,他与李盛铎一起将卷子先行挑选,大量珍品被他们窃为己有。为了掩盖数目的缺失,他们将一些剩余卷子撕为数段以充数。民国之后,虽然人们知道李盛铎藏有"最好的敦煌文献",但这批珍品的去向却成为一桩公案。

李盛铎死后不久,有消息说李氏藏卷被其子女以八万大洋的价格卖到了日本,但不知落入何人之手。直至上世纪 80 年代末才又有些线索,是北大教授荣新江发现的。荣新江先是在北大图书馆发现一本《李木斋氏鉴藏敦煌写本目录》,原来李氏后人卖卷子时并未一并卖掉目录,而是把目录单独卖给了北京大学。目录中记载李盛铎的这批旧藏共有 432 号,四书五经、天文历法、蒙学读物、户籍地契、宗教典籍,无所不包。1990 年,荣新江又在已故日本汉学家羽田亨的论文集照片中,发现一件经卷上盖有李盛铎的收藏印。1991 年,荣新江访问京都大学羽田亨纪念馆,看到了 933 张羽田亨生前研究敦煌的文献资料照片,其中相当多的敦煌卷子上都有李盛铎的收藏印。但当荣新江提出对这些照片进一步研究的申请时,却遭到京都大学的拒绝。荣回国后,将抄录的一些卷子题目、内容与北大图书馆馆藏目录做了比较,作出初步判断——羽田亨是接触过李氏所藏敦煌文献的。1996 年,日本敦煌学权威、东京大学池田温教授在荣新江文章的提示下去羽田亨纪念馆做了一番考察,认定照片中的敦煌卷子确为真品。同时,另一位日本学者落合俊典从京都大学牧田谛亮那里得到羽田亨《敦煌秘笈目录》手稿,其中共著录敦煌文献 432 号,这与北大图书馆李氏旧藏目录完全对应。随后落合俊典又根据《敦煌秘笈目录》封桶内保存的书信线索,终于弄清李氏敦煌文献流落日本的真相:原来是日本企业家西尾新平在京都大学校长羽田亨协助下,大约在 1938—1940 年、也就是日本占领期间购得李氏的敦煌藏卷,并交予羽田亨研究。二战后期,为了躲避空袭,这些敦煌卷子被运到兵库县多纪郡大山村西尾新平宅中地窖秘藏。战后又被运回了西尾新平企业附属的研究机关中存放。

这批敦煌卷子,沦落他乡七十年矣。

李盛铎死于1934年。在他身后,子女不光卖了敦煌卷子,还要卖木犀轩的其他藏品。闻得此讯,北平图书馆副馆长袁同礼邀胡适、傅增湘前往天津交涉,欲将木犀轩藏书收归北平图书馆。奈何三十万的出价与六十万的要价根本谈不拢,加之正值时局动荡,收购一事遂作罢。很快日军侵占天津,李盛铎之子李滂出任伪职。以卖国之身卖书,伪政府终以四十万之价买下并交与北京大学图书馆。上世纪五十年代,由赵万里主持,北大图书馆编制了《北京大学图书馆藏李氏书目》三册,总计收录木犀轩李氏藏书九千零八十七种、五万八千三百八十五册。1985年,经过整理的李盛铎藏书题跋集——《木犀轩藏书题记及书录》由北大出版社出版,展示出李盛铎目录学家的一面。

1998年11月17日的《北京日报》刊登一篇题为《大英图书馆发现中国手卷伪作数百件》的文章,文章披露:大英图书馆手卷藏品负责人苏姗·怀特菲尔德宣布,经新的科学检测方法揭示,目前在大英图书馆收藏的一万五千卷中国字画中伪作达六百件。这些伪作都出自二十世纪早期,“其中一些手卷可能是由一位名叫李盛铎的清政府官员所为。”据说李盛铎是依照窃得的敦煌手卷真品作伪,后将伪作卖给日本人。由于李盛铎声名显赫,购买者对他出手的东西很少怀疑。其中的一部分最终流转到了大英图书馆。

李木斋出身榜眼,官居正一品,藏书独步一时。他官品第一,藏品第一,而人品却是实在不敢恭维。

而同为天津藏书家的卢木斋,曾捐十万元建南开大学图书馆,又在北京建木斋图书馆。他生前曾立遗嘱:他购置房地产、经营股票红息得来的全部家财,皆作为木斋教育基金之用,遗产不传子孙。在他死后,其家人将木斋图书馆的全部藏书捐赠清华大学,另将木斋教育基金会的大部分财产捐给清华大学的木斋数学研究所。两相比照,真是此木斋非彼木斋啊。

(2008-11-22)

李小缘“归而结网”

李小缘(1897—1959),中国公共图书馆事业的重要开拓者。

李小缘原名李国栋,江苏南京人。他在南京求学,他在南京工作,他一生绝大部分时间是在南京度过的。2007 年,他生前所在的南京大学召开过李小缘诞辰 110 周年纪念大会。

李小缘六岁入塾,十二岁入金陵中学附属小学,很快升入金陵中学。1915 年入金陵大学文理科,1920 年毕业后留校,任校图书馆管理员。金陵大学即后来的南京大学,而李小缘留任校图书馆,则是他贯穿一生的图书馆事业的开始。

说到金陵大学的图书馆,要先说说金陵大学和它的图书馆学课程。金陵大学是 19 世纪末以来西方在中国开办的十四所教会大学中的一所。最早是由美国美以美会的福开森(J·C·Ferguson)于 1888 年开办了汇文书院(The Nanking University),后来汇文书院与同样为美国教会创办的宏育书院合并,于 1910 年成立了私立金陵大学。由于当时清政府教育部门“尚未有大学授予学位的规定,而私立大学之立案尤无明文可遵”,所以金陵大学只得先在美国纽约教育局注册,而毕业生接受的则是美国纽约大学的学位与文凭。金陵大学有“江东之雄”的美誉,很多知名人物毕业于此,像陶行知、刘国钧,还有赛珍珠、蒋彦士、南怀瑾、王绳祖,还有彭佩云。1913 年,金陵大学图书馆馆长、美国图书馆学家、美国普林斯顿大学图书馆参考部主任克乃文(Harry Clemons)在学校开设了图书馆学课程,这是中国最早开设的图书馆学科课程,比武昌文华大学图书科的开设要早七年。而金陵大学正式建立图书馆学系则是 1927 年,又比文华大学图书科晚了七年。金陵大学与武昌文华大学是我国最早开展图书馆学教育的高等学府,开课与开科互为先后,竟以七年为一轮转,也算中国图书馆史上的一件趣事。

克乃文不光教授图书馆学，还积极推荐学生到美国留学深造，李小缘就是被他推荐留学的学生之一。1921 年，李小缘到了美国，他先是在美国纽约州立图书馆学校求学，于 1922 年获学士学位。后入哥伦比亚大学攻读教育社会学，于 1925 年获硕士学位。留学期间，李小缘虽获国际奖学金并申请到清华官费，但经济情况仍十分困难。以至于他不得不在 1922 至 1924 年的连续三个暑假都在美国国会图书馆做中文图书编目工作。由于工作出色，竟获得美国国会图书馆中文部主任一职，并成为美国图书馆协会会员。

美国国会图书馆是世界上最大、最先进的图书馆。这段工作经历，让李小缘对美国国会图书馆理念之先进，藏书之丰富，设施之完备以及功用之强大有了深切体会，也让他树立起自己的“图书馆救国”理想。为实现他的这个理想，1925 年，他放弃了即将得到的博士学位回国。他在国会图书馆留言簿上写道：“与其临渊羡鱼，不如归而结网。”

归国后，李小缘一头扎入金陵大学图书馆工作当中。他先是担任了图书馆西文部主任，不久又兼任学校图书馆学系主任，1928 年任校图书馆馆长。1929 年，李小缘承担了中国图书馆界第一次大的“结网”——承办中华图书馆协会的第一届年会。

十九世纪末二十世纪初，近现代图书馆才在中国出现。而最早的图书馆协会组织则是建于 1919 年的北京图书馆协会。1924 年，中华教育改进社图书馆教育委员会通过促成全国各地建立图书馆协会的决议，并决定发起成立全国总会。1925 年，“北京图书馆协会以美国图书馆协会派遣代表来华，欲于中国图书馆事业有所赞助，认为有提前组织之必要，特组委员会筹备一切”（引自 1933 年《中华图书馆协会概况》），与业已建成的南京、江苏、上海、天津等图书馆协会以及社会上热心图书馆事业人士共同发起，于 1925 年 4 月 19 日在北京成立筹备会。几天之后的 4 月 25 日，中华图书馆协会在上海正式成立。

中华图书馆协会虽然成立于 1925 年，但直到 1929 年才召开第一届年会。之所以如此，应该是受到“北伐”、“易帜”、“还都”等国内重大变故的影响。1929 年 1 月，中华图协第一届年会在南京举行，年会的实际组织者是李小缘，他是金陵大学图书馆馆长、图书馆学系主任和江苏图书馆协会主任，同时他也在中华图协中先后担任了多种职务：董事会董事、副执行部长、教育委员会委员、编目委员会委员、季刊编辑部成员等。在李小缘的具体操办下，1929 年 1 月 28 日至 2 月 1 日，年会在金陵大学举行，来自全国各地的二百名代表参加了年会。这届年会不光体现出金陵大学的会务组织能力，更展示了南京图书馆学人的整体实力——会议大多数议题由南京学者提出，会议选出的十五名执行委员会委员中，金陵大学校友就占到八名。他们是：戴志骞、李小缘、刘国钧、洪有丰、朱家治、万国鼎、陶行知、孙心盘。

前面提到，1925 年"美国图书馆协会派遣代表来华，欲于中国图书馆事业有所赞助"，这里所说的美方代表即美国图书馆协会会长、圣路易公共图书馆馆长鲍士伟（Arthur. E. Bostiwich），他是由武昌文华大学图书专科创办人、美国人韦棣华女士出面安排来华的。鲍士伟是公共图书馆理论专家，在华演讲的重要主题就是公共图书馆问题。但从当时的反响看，这个问题并没有引起人们的足够注意，只有很少几位学者有所感悟，这其中就有刚刚从美国留学归来的李小缘。鲍士伟在中国停留了两个月，多场演讲听罢，李小缘写了《对鲍士伟博士来华之感想与希望》一文，在鲍士伟离开中国前发表在梁启超创办的《晨报副刊》上。文章显示，李小缘敏感地注意到了公共图书馆的许多实质性特征，譬如有关免费对全体公众开放，这在中国当时的图书馆学者观念中尚不十分明确，甚至像梁启超那样热衷图书馆事业的人物也对此持反对态度。而李小缘却已将公共图书馆称之为"人民之自由学校、免费学校"。

鲍士伟的来华访问是 1925 年前后中国图书馆发展史上的一系列重要事件之一，而事情发生的重要契机，就是美国同意将第二批庚款的一部分用于推进中国图书馆事业。于是，"旨在效法欧美公共图书馆制度以改革和发展中国近代图书馆事业的'新图书馆运动'，以庚子赔款施用于图书馆事业的问题为契机，逐渐由北平而南京，向全国展开。"（引自《中国藏书通史》）李小缘是新图书馆运动的主要参与者，他的参与方式之一就是撰写学术论文。很短时间里，他在《图书馆学季刊》上接连发表《藏书楼与公共图书馆》《公共图书馆之组织》《全国图书馆计划书》等三篇论文。这三篇论文,开创性地对公共图书馆的属性、作用、服务方式、服务对象、组织建设、管理方式、资金来源以及立法作出系统研究和阐述,成为中国公共图书馆理论的先驱论作,以致让华东师大的范并思先生以“横空出世”形容之。

“新图书馆运动”是中国图书馆建设史上真正意义的“结网”,有李小缘的积极参与,让南京成为与北京、武汉鼎足而立的新图书馆运动三大基地之一。

如果说李小缘研究的是公共图书馆理论,他实践的却主要是院校图书馆。他也并非只在南京,1928 年他北上沈阳,任东北大学图书馆馆长两年。“九・一八”事变之后返回金陵大学任文化研究所研究员兼教授,开展包括目录学、方志学等学科的学术研究。1937 年抗战爆发,金陵大学西迁成都,升任文化研究所所长的李小缘联合燕京、华西、齐鲁等大学的国学研究机构,编辑出版《中国文化研究汇刊》计八卷,发表了许多文章专著。战时并未中断的学术研究在国内外的学术界产生了较大影响。

抗战胜利后,金陵大学迁回南京,美国人贝德士接任校图书馆馆长,并与李小缘、陈长伟组成三人图书馆委员会执掌馆务。由于贝氏患病,实际工作多由李小缘担当。1948 年,李小缘被正式任命为金大图书馆馆长。1951 年任南京市文物保管委员会委员。1952 年金陵大学组建为南京大学,李小缘出任南京大学图书馆副馆长。由于担任馆长的胡小石教授更多忙于教学,同样地,馆务工作主要由李小缘主持,直至他 1959 年去世。

李小缘曾经提出,一座著名的大学,必须有一座藏书丰富的图书馆和一座与之媲美的藏品丰富的博物馆,这两者是相辅相成的,对于提高师生的知识素质将起到重要作用。为了他的这一信念,他“生前就有大批赠书和赠文物之举”,在他身后,他的儿子遵嘱将藏书五千六百余册全部捐赠给了南京大学图书馆。

(2008－12－2)

超重量级馆长

莱布尼茨(1646—1716),德国历史上的著名学者,他是数学家、物理学家,又是历史学家和哲学家。他是少有的奇才和全才,他在自然科学和哲学等多种学科领域取得过成就。他与英国的牛顿分别独立发明了微积分,他是数学逻辑的创始人,当今计算机时代广为应用的“二进制”也是他的首创。他是世界史上的超重量级人物,罗素称他为“一个千古绝伦的大智者”。

莱布尼茨1646年生于德国东部名城莱比锡,父亲是哲学教授,虽然去世很早,但给莱布尼茨留下了丰富的藏书,而母亲则接替了父亲对莱布尼茨进行启蒙教育。八岁时,莱布尼茨进入尼古拉学校,学习拉丁文、希腊文、修辞学、算术、逻辑、音乐以及《圣经》、路德教义等。要学这么多的功课,看来当年德国的学生负担也是够重。

歌德像

十五岁那年他进入莱比锡大学,开始了在各个学科领域的广泛学习。他十七岁获哲学学士学位,十八岁获哲学硕士学位。十九岁时,他向学校递交了博士论文《论身份》。不想,学校学位审查委员会却以莱布尼茨过于年轻为由,拒绝授予他博士学位。一气之下,莱布尼茨携论文转投纽伦堡阿尔特多夫大学。阿尔特多夫大学不但授予他法学博士学位,还想聘他为该校教授。莱布尼茨接受了学位却没有接受教职,大约他的更大兴趣不在从教而在从政。

1667 年，莱布尼茨结识了迈因茨选帝侯，在迈因茨大主教舍恩伯恩手下从事外交工作。选帝侯是德国历史上的一个特殊称谓，是指有资格选举和被选举为神圣罗马帝国皇帝和德意志国王的诸侯，共七个，有些类似于中国的战国七雄。但德国的七个选帝侯有三个是教会选帝侯，迈因茨就是教会选帝侯中的一个。

莱布尼茨的外交活动大多以失败告终，包括 1671 年的出使法国，1673 年的出使英国。但“失之外交收之学问”，微积分的发明应该就是那一阶段的重大收获。在迈因茨选帝侯死后，1677 年，莱布尼茨接受汉诺威公爵约翰·弗里德里希的邀请到了汉诺威，担任了布伦兹维克公爵府法律顾问兼布伦兹维克家族史官，还担任了公爵府的图书馆馆长。1682 年，他创办了著名的拉丁文科学杂志《学术纪事》，在杂志上，不断有他自己的数学以及科学论文发表。哲学方面他也颇有创见，“世界上没有两片完全相同的树叶”这句话，就是他的一句哲学名言。

1700 年，在莱布尼茨的奔走之下，新生的普鲁士王国建立起了柏林科学院，莱布尼茨担任了柏林科学院的第一任院长。这是德国科学发展史上划时代的重大事件，为德国尔后在世界上的科技领先地位打下了最初基础。莱布尼茨并不囿于国界，彼得堡科学院和维也纳科学院的建立也是他倡导的结果。据说他还通过传教士给中国康熙皇帝写信，建议成立北京科学院，只可惜没有得到中国皇帝的“恩准”。莱布尼茨是西方较早对中国文化感兴趣的学者，他的“二进制”据说是受《易经》的启发而发明的。

莱布尼茨不单倡导建科学院，他还曾向奥地利皇帝提出过在维也纳建立“世界图书馆”的宏伟计划，虽然建议没被采纳，但也可以看出图书馆在莱布尼茨心目中的地位。他有一句名言：“在一切知识领域中，人类知识的大部分，都是呈现在作为人类文字记录的纸页上和书籍中……因此，藏书和图书馆，是人类唯一可靠和永不磨灭的记录。”至于布伦兹维克公爵府图书馆的馆长，应该不算什么重要职务，我也没有看到什么资料记述莱布尼茨在图书馆馆长职上的具体作为，但在当时“朕即国家”的时代，公爵府图书馆也可以算作国家图书馆吧。

德国还有个更超重量级人物——歌德，他也担任过图书馆馆长一职，而且一当三十五年。

歌德(1749—1832)是德国历史上最重要的作家、思想家、诗人，他的主要作品有诗剧《浮士德》《普罗米修斯》，历史剧《葛兹·冯·伯里欣根》，小说《少年维特之烦恼》等。诗剧《浮士德》是世界文学史上最重要的作品之一，它与莎士比亚的《哈姆雷特》、但丁的《神曲》和荷马史诗《伊利亚特》并称为欧洲的四大名著。至于小说《少年维特之烦恼》，其风靡世界的程度更是一般作品难以企及，我清楚记得“文革”期间看郭沫若译的《少年维特之烦恼》，那种异乎寻常的感动，是青春期所特有的。

约翰·沃尔夫冈·冯·歌德出生于法兰克福，父亲是法学博士，母亲是法兰克福市长的女儿。歌德幼年聪慧，八岁时就在一定程度上掌握了德文和拉丁文，并开始学习法语、英语、意大利语和希伯来语。他很早就对欧洲古典文学产生浓厚兴趣，他的阅读范围很广，包括荷马、拉辛和莫里哀等人的作品。十六岁时，父亲坚持让他学习法律，于是他先后在莱比锡和斯特拉斯堡学习法律直至完成学业。

但歌德的兴趣一直是在文学，他从十岁起就开始尝试写作了。1774 年，他的成名作《少年维特之烦恼》出版，作品很快风行于世，一时间，效仿维特装束者有之，效仿维特自杀方式者亦有之，作品热络程度可以想见。挟此等盛名，歌德于 1775 年接受魏玛公爵夫人安娜·阿玛利亚以及卡尔王子的邀请来到魏玛宫廷，先后担任了枢密顾问官、军事长官、税务署长官等职务。安娜·阿玛利亚公爵夫人有一座以她名字传世的图书馆，歌德还担任了这座图书馆的馆长，任期直到他去世。歌德从二十六岁起就定居在魏玛，期间只有数年到意大利旅游，他的图书馆馆长任期总共三十五年。

16 世纪，当时的魏玛公爵建立了名为“绿宫”的王宫。1691 年，公爵维尔海姆·恩斯特在绿宫中开辟了一座图书馆用于藏书。18 世纪时，安娜·阿玛利亚公爵夫人大力发展这座图书馆，并使它成为德国第一座对公众开放的贵族图书馆。公爵夫人还广邀学者和艺术家到魏玛，其中包括维兰德、赫尔德、歌德和席勒。这些都是德国文学史上的大师级人物，他们的到来使小城魏玛成了当时德国的文化中心。

魏玛公国位于德国东部的伊尔姆河畔，全国人口仅十万。它的首府魏玛当时人口只有六千，虽小，却是德国著名的历史文化名城。除歌德、席勒等人，在这里留下印记的名人还有音乐家巴赫，他在魏玛生活创作有近十年的时间。匈牙利钢琴家李斯特曾担任过魏玛宫廷乐长，他的到来使魏玛成为了当时欧洲的音乐中心，他创办的魏玛音乐学院至今盛名犹在。在美术方面，魏玛的包豪斯学校开创了建筑、工艺设计的新理念，成为近一个世纪以来设计思想的策源地。北京朝阳区有个当年东德援建的798厂，它的厂房就是典型的包豪斯风格建筑。如今这里已经成为世界上最大的包豪斯建筑遗存，同时这里也发展成为中国先锋艺术的著名集散地。

魏玛的歌德故居

世界上的事，或因人而成，或因人而废。魏玛以弹丸小城而成为德国文化中心，安娜·阿玛利亚公爵夫人功不可没。当年她嫁给魏玛公爵时，将她对文学艺术的爱好也带到了魏玛。她把诗人、艺术家以及社会各阶层中对文艺感兴趣的人聚拢在自己门下，她推动歌剧院的发展，她组织交流思想的艺术沙龙，她还把家族的图书馆向公众开放。她在儿子卡尔年少时，请来了作家维兰德做家庭教师；而卡尔王子长大时，则请来了更大的作家歌德做了宫廷图书馆的馆长。如今，这座以安娜·阿玛利亚公爵夫人命名的图书馆已经成为欧洲文化史、文学史的研究中心，有藏书近一百万册，重点藏书是1750—1850年一百年间的德国文学作品。但十分不幸的是，这座图书馆在2004年发生一起严重火灾，五万多册珍贵典籍被烧毁，一万两千五百部孤本从此绝迹，其损失是无法用金钱衡量的。2007年，经过整修的安娜·阿玛利亚公爵夫人图书馆重新对世人开放，时间恰恰是公爵夫人逝世二百周年。

现在的魏玛，有不少歌德的生前遗存，还有无处不在的纪念性雕塑。他的住宅历经二百多年时光，依然保持着他生前的模样。他的书房有如一座小型图书馆，一排排厚重的书架排列着他的藏书。书房的一角，还依旧堆放着他的书稿。他的《浮士德》应该就是完成于这座书房之中。

有意思的是，歌德这个词对中国人来说则有另一层含义。1979年，《河北文艺》发表一篇李剑的题为"歌德还是'缺德'？"的文章，对揭露"文革"罪恶的作品和作者大加讨伐，语言和口吻完全"文革"式。文章引发了一场对作家的良知和社会责任的大讨论，并在一段时间内，作家被划分为了"歌德派"和"缺德派"。其实早在上世纪50年代，作家老舍就曾自称是"歌德派"，他曾在全国人民代表大会的讲台上，慷慨激昂地表示："我本是个无党派的人。可是，我今天有了派。什么派呢？'歌德派'。"他说他要"歌新社会、歌共产党、歌毛主席之德"。上面说到的这些地方虽然都用了歌德这两个字，但与德国的那位大作家没任何关系。

在有关德国的历史教科书中，无论是何等简要、初级的版本，都不可能省略掉歌德和莱布尼茨。作为图书馆馆长，他们无疑是超重量级的。

（2009-1-1）

宫墙聚书籍　共以乐陶然

在全国各省公共图书馆中，山西省图书馆建馆时间相对较晚，建于1919年10月9日。创办人柯璜，馆址在太原文庙，馆名为山西省立教育图书博物馆。

柯璜（1876—1963）字定础，号绿天野人，浙江黄岩桐屿镇人。柯璜自幼读经，光绪二十一年（1895）以举人身份进京参加进士考试，恰逢康、梁"公车上书"，柯璜参与其中并成为活跃分子。光绪二十八年（1902）入京师大学堂师范馆，攻读博物学、心理学、美学。京师大学堂是戊戌变法中创建的新式学堂，师范馆就是现在北京师范大学的前身。光绪三十三年（1907）柯璜从师范堂毕业，应聘于当时的三大学堂之一的山西大学堂，任博物学教授，任期长达三十年，直到1937年太原沦陷。山西大学堂建于光绪二十八年（1902），由山西巡抚岑春煊遵李鸿章示，以教案赔款①五十万两白银而建，这是自光绪二十四年（1898）京师大学堂成立以来的第二所国立大学堂。首任校长姚文栋，总教习为英国传教士李提摩太

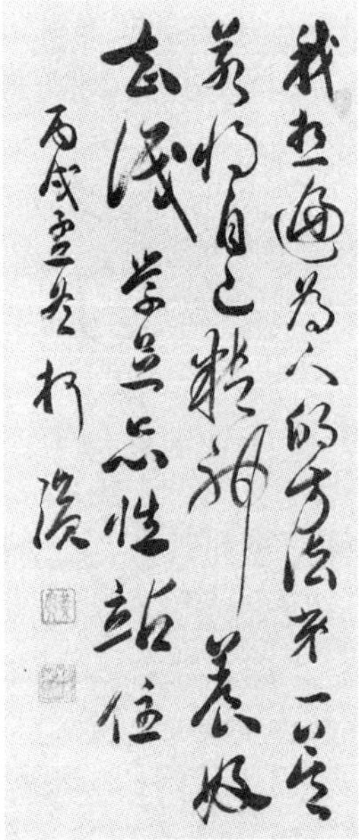

柯璜书法作品

① 义和团在山西杀天主教教士130余人，酿重大教案。后经英国耶稣教浸礼会传教士李提摩太提议，以山西教案赔款50万两白银用于在太原创办中西大学堂，选拔全省优秀学子入学学习。对此，李鸿章、奕劻表示赞同并命山西巡抚岑春煊遵办。岑春煊将已办的山西大学堂与中西大学堂会并办理。合并后的山西大学堂内设两部，一部专教中学，由晋阳书院山长谷如墉负责。一部专教西学，由李提摩太负责。山西大学堂由此成为中西一体的新式学堂。

（Rvchaid Timothy）。

柯璜来到山西大学堂后，结识了当时在校担任兼职军事教官的阎锡山并成为至交。阎锡山对柯璜十分信任，就连密谋响应辛亥革命之事都提前相告。后来阎主政山西多年，在很多方面对柯璜有所依仗。民国六年（1917），柯璜受阎锡山委托在山西文庙旧址创办山西教育图书博物馆。文庙座落于太原市文源巷，虽为旧建，但实际建造时间并不长。最早文庙位于城西水西门一带，临汾河，后因水淹而毁。光绪七年（1881），当时的山西巡抚张之洞在原址以东约七八里的崇善寺遗址上重建文庙。到柯璜建馆时，距建成不过三十几年。

中国古代最普遍存在的公共建筑是庙宇。除宗教功能之外，庙宇还有很多世俗功能，比如住宿、商贸、教育等等。而废弃的庙宇世俗功能则更加扩大，记得当年我的小学校舍就是旧庙改建的。柯璜以文庙建馆，馆舍方面应该问题不大，但经费、人员却很成问题。柯璜除自己亲自动手去做，还广泛发动社会名流捐书捐物。一时间，社会贤达、政府官员引为风尚，争先送匾、送书、送物，馆内庭柱挂楹联者不下数百处。山西学问及书画大家如郭象升、常赞春、赵铁山等亦有大批书籍寄存馆内供众阅览。郭象升是山西晋城人，曾就读并执教于山西大学堂，还担任过山西省立教育学院院长，学问精深，有“山西学子”之誉。常赞春，山西榆次人，光绪二十八年中举，曾先后就读于山西大学堂和京师大学堂，为林纾弟子，常年在山西从教，文章书画俱佳。赵铁山，山西太谷人，是为独步一时的书法大家，有“大江之北无出其右”之说。他不光书法好，人品更是受到众人赞颂。有故事说，日寇占领山西时，强迫他出任维持会长，他以假死应之。“消息”传至西安，文化界为他隆重追悼，蒋介石亦送花圈表示敬意。而他在1945年真的去世时，人们以“就死易，全名难，当年之不死而死，正今日之死而不死也”这样的文字，对他表示怀念。

在柯璜不懈努力以及多方赞助之下，图书博物馆很快便呈现规模，成为了山西学子的“琅嬛福地”①。高兴之余，柯璜曾咏诗为记，诗中有“宫墙聚书籍”、“共以乐陶然”句，我将其径用作了本篇题目。

柯璜不单是学问家、事业家，他更是书画大家。在书画方面，当时他与吴昌硕、齐白石齐名，书画界有“南吴北齐西柯”一说。上世纪30年代，柯璜曾与齐白石在北平合作过一幅扇面，白石作画柯璜题诗，书画俱佳，柯璜在落款处题“二璜唱双簧”（齐白石亦名璜），一时传为美谈。柯璜的书法师承“二王”（王羲之、王献之）、“二张”（张芝、张旭）和怀素，风格遒劲。他的作品很受时人追捧，多有人慕名前来相求，他于是在馆内设巨砚，还自制研墨机，流水待客为人作书。据说他“每日书写屏联二三十幅”，数十年不易。赵铁山曾有诗曰：“挥书日万言，墨每需一斗。草书源芝旭，十已得八九。”他用的笔也很有特色，铜管，重半斤。

1931年“九一八”事变之后，柯璜愤而手书文天祥《正气歌》四页屏，并刻石朱拓数百份分赠军队旅长以上军官以及社会各界人士，意在激发全国军民的抗日斗志。他还画《醒狮图》挂于馆内，激励国人民族精神。除此之外，柯璜还写了《九一八告日本君臣士民书》和《一二八告全国同胞书》，用以警告日本侵略者以及号召全国同胞团结对敌。

1937年11月太原沦陷，柯璜撤退到陪都重庆，寓居歌乐山，鬻字卖画为生。不时与故交国民政府主席林森、国民党元老于右任等在云

---

① 琅嬛福地：典故出自元人伊世珍的《琅嬛记》，书中记述西晋人张华曾“游于洞宫，遇一人于涂，问华曰：‘君读书几何？’华曰：‘华之未读者，则二十年内书盖有之也，若二十年外，则华固已尽读之矣。’其人论议超然，华颇内服，相与欢甚。因共至一处，大石中忽然有门，引华入数步，则别是天地，宫室嵯峨。引入一室中，陈书满架，其人曰：‘此历代史也。’又至一室，则曰：‘万国志也。’每室各有奇书，惟一室屋颇高，封识甚严，有二犬守之。华问故，答曰：‘此皆玉京紫微、金真七瑛、丹书紫字诸秘籍。’指二犬曰：‘此龙也。’华历观诸室书，皆汉以前事，多所未闻者，如《三坟》、《九丘》、《檮杌》、《春秋》亦皆在焉。华心乐之，欲赁住数十日，其人笑曰：‘君痴矣。此岂可赁地耶？’即命小童送出，华问地名，对曰：‘琅嬛福地也。’华甫出，门忽然自闭，华回视之，但见杂草藤萝绕石而生，石上苔藓亦合初无缝隙。抚石徘徊久之，望石下拜而去。华后著《博物志》多琅嬛中所得。”据此传说，后人多以琅嬛福地称藏书之所。张华是西晋著名学者，其代表作《博物志》分类记载异境奇物、古代琐闻杂事及神仙方术等。内容多采于古籍，其中所记牛郎织女等诸多神话的原始资料为研究者所推重。

顶寺禅房谈诗论画，与董必武、冯玉祥、马寅初、郭沫若等人亦有交往。柯璜在云顶寺四周留下了许多书法镌刻。柯璜还写出《历代权奸传》，用以鞭挞汪伪汉奸。抗战胜利后，柯璜留在重庆。1949 年春，柯璜与美术、教育界知名人士联手创办蜀中艺术专科学校，自任校长。1951 年，蜀中艺专与西南美专合并为重庆艺专，柯璜继续担任校长。后艺专并入西南师院美术系，柯璜任西南师院筹备主任，并当选为中国美术家协会理事、西南区美协主席、重庆市文史馆副馆长、政协四川省常务委员。

1957 年，已经八十一岁高龄的柯璜回到山西太原，担任了山西省美协主席。他还是全国政协第二届和第三届委员以及山西省政协副主席。1963 年 11 月柯璜于太原无疾而终，享年八十七岁。当时的政协全国委员会、国家副主席董必武、总理周恩来、副总理陈毅、中央统战部等送了花圈，可谓备极哀荣。柯璜生在浙江，但他“直把并州作故乡”，一生中竟有近一半的时间是在山西度过，山西也把他作山西名人看待。而他真正的故乡同样将其看作名人，当地图书馆的地方文献中心正在收集柯璜先生的相关文献。

几经改制，柯璜的故乡黄岩现在成为浙江省台州市的一个区，而桐屿镇则被划入台州市另一个区——路桥区。路桥区有一座区图书馆，有报道说，2008 年元月，路桥区图书馆获得保存完好的两封柯璜信稿，这是当地社会人士首次捐赠的柯璜真迹。信写于 1961 年，捐赠人陈晓方说，这些信是其刚赴杭州师范学院任教时致信柯璜后所得的回信，由于对柯璜先生一直心怀敬意，所以回信一直被珍藏。他是在得知区图书馆致力于柯璜文献收集与研究时捐献出来的。

抗战期间，柯璜曾回过家乡路桥，许多乡人慕名求作。柯璜不论贫富、辈分，有求必应。据估计，期间留下作品应有一万余件，但由于各种原因大部分作品没能保存下来，但愿路桥区图书馆地方文献中心在收集整理柯璜作品时能再有收获，在柯璜研究工作中取得成绩。

再来说说山西省图书馆。

山西教育图书博物馆成立之后，曾经几次更名，先后使用过“山西公立图书馆(附设博物馆)”“山西省立民众教育馆”“太原博物馆”等名称。1950年改名为“山西省图书博物馆”,1953年改“山西省博物馆(设图书部)”。1957年,图书馆与博物馆分离,成立“山西省图书馆筹备处”。1960年8月,山西省图书馆新馆落成并正式开馆。1984年又建东阅览楼一座。现馆舍建筑面积近三万平方米,藏书刊文献二百二十万件,古籍中有唐人写经、北宋刻《福州藏》、北宋雍熙三年绛州刻本《佛说北斗七星经》、北宋元丰七年刻本《大方广华严经合论第四十一》等孤本、珍本。另据报道,2008年7月30日,计划投资3.5亿元的山西省图书馆新馆项目正式启动。新馆坐落于太原市长风商务区文化岛,设计建筑面积五万平方米,设计藏书量七百万册,有各种阅览室十五个,可同时接纳三千名读者到馆阅览。山西省图书馆新馆是山西省“十一五”期间的重点公益工程。建成后的图书馆新馆将不仅是省级综合性图书馆,也是山西省的总书库,它将履行搜集、加工、存储、研究、利用和传播信息的职责,将成为全省的书目中心、信息中心、网络中心和业务研究交流中心,具有保存人类文化遗产、开展社会教育、传递科学情报、开发智力资源、文化休闲娱乐等多项职能。

(2009－1－17)

“万里”流觞

2001年5月,国家图书馆善本特藏部、国家图书馆经典文化推广中心主办的通讯刊物《文津流觞》出版,发刊词中说,“《文津流觞》是善本特藏部暨国家图书馆经典文化推广中心为大家精心奉献的一份文化礼品”。当人们接受这份礼品时,不应该忘记善本特藏部历史上最重要的人物——原善本特藏部主任赵万里。

赵万里(1905—1980)字斐云,别号芸盦,舜盦。浙江海宁人。1912年入南京东南大学,从吴梅学词学。吴梅是著名的国学大师,诗、文、词、曲皆通,学问精深。他还是昆曲专家,是第一位把昆曲带入大学讲堂的教授。赵万里很有名师缘分,1925年他到北京清华学校国学研究院时,又投到了国学大师王国维门下,王国维是教授,赵万里做他的助教。在王国维的指导下,赵万里在文史、戏曲、金石、版本、目录、校勘等学科方面进行了深入而系统的学习,为他而后在图书馆学领域的工作和研究打下了坚实基础。

王国维去世后,赵万里经陈寅恪介绍,于1928年到了北平北海图书馆,开始从事古籍善本的整理、编目及采访工作。北平北海图书馆由中华文化教育基金董事会开办,馆址在北海公园庆宵楼,成立于1926年,经费来自美国庚款。其实庆宵楼只是临时租用的馆址,在开馆的同时,中华文化教育基金董事会即“购置御马圈地绘图设计筹建新馆”(见蔡元培所撰《国立北平图书馆记》),这里所说的新馆就是文津街新馆,建造经费同样来自美国庚款。1929年,北平北海图书馆与国立北平图书馆合并,以国立北平图书馆为馆名,1931年搬进文津街新馆。赵万里随之进入新馆。

文津街新馆是当时远东最大、设施最先进的图书馆,工作环境自然非常优越。但对赵万里来说,人文环境和学术氛围应该说更可宝贵。学者谢国桢曾与赵万里、王庸、向达、贺昌群、刘节、王重民等人同在北平图书馆共事，他回忆说，“诸位先生，都是埋首从事于所专长的研究工作”，“朝夕相处，以编纂之名义，而能各治其所学，在当时或以为旷职，而后各有所就，殆所谓百年树人者欤”。谢国桢是梁启超先生的入室弟子，梁启超介绍他到北平图书馆，他在北平图书馆服务十年。

赵万里初到北平图书馆，又遇到一位大师级人物，徐森玉。徐森玉是著名版本目录学家和古物鉴定专家，曾担任过北京大学图书馆馆长、故宫博物院古物馆馆长、上海博物馆馆长等职务。他是前清举人，曾就读于著名的白鹿洞书院，又在新式学堂——山西大学堂学过化学专业，是一位中西兼修的难得之才。赵万里在徐森玉的指导下开展工作，得其衣钵真传，使得北平图书馆古籍善本事业在世事沧桑中得以不断延续。赵万里在图书馆工作前后有五十年，历任中文采访组组长、善本考订组组长、善本部主任、善本特藏部主任等职，并曾在北京多所大学讲课任教。

赵万里到图书馆后，曾“屡次南下，为图书馆访书”（见伦明《辛亥以来藏书纪事诗》）。一次，他与郑振铎相约南下宁波访书，与当时已在宁波家中的马廉（隅卿）会同，欲访天一阁而未能如愿。这件事我曾经在《马廉与孔德学校图书馆》一文中提到过，并以为“这大概就是古代藏书楼与现代公共图书馆之间差异性的一种表现”。但赵万里们的宁波之行并非一无所获，至少得见孙祥熊氏所藏明兰格抄本《录鬼簿》及明白棉纸刻本《女贞观重会玉簪记》两部珍籍，并得以借留《录鬼簿》（二卷）及《续编》（一卷），对于这部“研究元明间文学史最重要之未发现史料”，“竭三人之力，于灯下一夕抄毕。”（见郑振铎《明钞本录鬼簿跋》）《录鬼簿》作者钟嗣成，元代剧作家。赵万里等的三人抄本后由北京大学出影印本。事有机缘，十五年后，明兰格抄本《录鬼簿》以及明白棉纸刻本《女贞观重会玉簪记》竟一并归藏于郑振铎。郑不幸遇难，所有藏书捐与北京图书馆，其中应该包括这两部书在内。

赵万里还曾与海外访书者“斗法”，看谁更具法眼、看谁捷足先登。

譬如上世纪二三十年代，曾在日本静嘉堂担任干事的日本的中国学、目录学专家长泽规矩也，经常到中国访书。一次，他在北京琉璃厂淘到一部宋版医书并带回日本，这引起了北京图书馆的极大关注。长泽因此被列入了监控名单。当得知他即将来华时，北京图书馆委派赵万里，在长泽可能前行的南京、苏州、杭州一线抢先一步，严防可能会有的珍贵典籍再落其手。

在北京图书馆，有四部藏书被称为四大镇馆之宝，《永乐大典》《四库全书》《敦煌遗书》和《赵城金藏》。《赵城金藏》的修复整理工作就是在赵万里主持下完成的。

《赵城金藏》是金代雕版佛经，它的诞生和发现颇富传奇色彩。金熙宗皇统初年，山西潞州人崔进之女崔法珍，因一和尚治好她的哑病而发愿刊刻藏经，她在山、陕一带断臂化缘募款，又经人二十多年雕版，终于在金大定十三年（1173）完成。这部藏经篇幅浩繁，共有六千九百八十卷、六千多万字。其中一部藏于山西赵城广胜寺，时间长达七百多年，直到1933年才被人重新发现。这是一部存世孤本，由于发现于赵城，又是刻于金代的藏经，且卷首扉页印有标明“赵城县广胜寺”字样的释迦说法图，因此被人称之为《赵城金藏》。1938年日本军队占领赵城县，日军据点距广胜寺仅1公里。为防止日军抢掠，广胜寺住持将藏经砌于寺内飞虹塔中。1942年，日本所谓的东方文化考察团要在庙会期间“参观”飞虹塔，为藏经之安全，寺院向当时的八路军太岳军区求助，在当时太岳军区政委薄一波的指示下，军、民、僧众连夜将藏经搬出。而后藏经饱经颠沛流离，到1949年收归北京图书馆时，九大包四千三百多卷的藏经，多数已潮烂断缺，粘连成块，不能打开者十之五六。在赵万里主持下，图书馆专调四名有经验的装裱师傅帮助修复，历时近十七年，终于在1965年修复完毕。2008年，这部被胡适称为“天壤间的孤本秘笈”的《赵城金藏》经过长达六十年的流转、修复、整理、校勘，终于得以重新出版，16开本，122册，北京图书馆出版社出版。

上世纪三四十年代，赵万里曾在北京大学、清华大学、中法大学、辅仁大学等校任教，讲授课程为中国史料目录学、目录学、校勘学、版本学、中国雕版史、中国戏曲史、中国俗文学史。1947 年,当北大校长胡适批准王重民教授开办图书馆专修科时,王重民延聘的第一批图书馆学教授中就有赵万里。他们为北京大学图书馆学系的建立做出了最初贡献。

赵万里编著作品很多,主要有《校辑宋金元人词》《汉魏南北朝墓志集释》《北京图书馆善本目录》《中国版刻图录》《王静安先生年谱》等,他还参与了《海宁王静安先生遗书》的编辑校订工作。

现在的国家图书馆善本特藏部,集中了全馆藏品精华。"所藏善本古籍,年代起自殷周,迄于当代,地域遍于禹域,兼及海外,充分显示出中华文明源远流长、博大精深的特征。"(见《文津流觞》刊首语)总共一千五百余部宋元名刊、二十七万册善本、七十万件特藏、一百八十万册古籍的海量珍藏,这样的规模成就,与赵万里五十余年的孜孜以求是分不开的。"曲水流觞"被看作是文人雅事,更可以看作是文化财富、文明精神的薪火传承。在这千年不绝的传承进程中,赵万里出色地完成了他的使命。

(2009 - 1 - 28)

“孤岛”得书记

2008年，是郑振铎诞辰一百一十周年，是他遇难逝世五十周年。2008年已经过去，现在回忆郑振铎的点滴往事，依然很有意义。

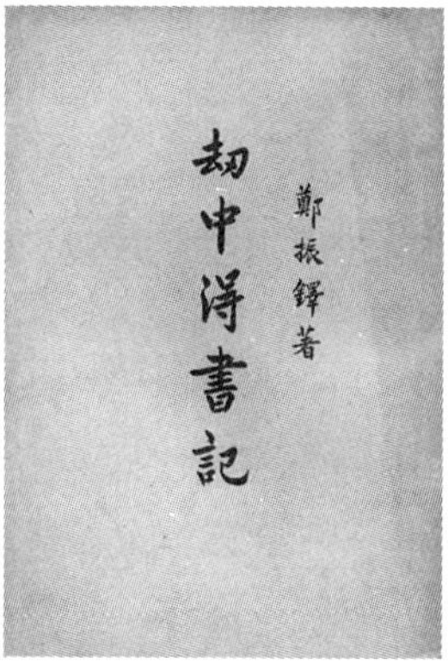

《劫中得书记》书影

郑振铎（1898—1958）字警民，笔名西谛（C. T.）、郭源新。祖籍福建长乐，生于浙江永嘉。是著名作家、文学评论家、文学史家、翻译家、艺术史家，也是著名藏书家。

现实中，大多学人都与图书馆有不解之缘。这从郑振铎早年经历中也能得到印证。1917年，郑振铎考入北京铁路管理学校，从浙江永嘉来到京城。北京铁路管理学校最早是清政府邮传部所办的铁路管理传习所，民国初年改为北京铁路管理学校，是后来北京铁道学院以及后来北方交通大学的前身。学校当时在城里，西城李阁老胡同。郑振铎借住在东城他一位在外交部任职的叔父家。离他住处不远有一座基督青年会教堂，教堂里有一所小图书馆，郑振铎课余时间常到这所图书馆里读书。图书馆虽小，却很有些可读之书，特别不少英文、俄文的文学原著，读者中也藏龙卧虎，也很有些出色人物。在那里，郑振铎结识了瞿秋白、耿济之、瞿菊农、许地山等人。当时瞿秋白、耿济之是俄文专修馆的学生，他们常借的图书是托尔斯泰、普希金等人的俄文版原著，而郑振铎则读英文版的契诃夫和高尔基。他们组织了读书会，经常聚在一起谈读书心得，探讨社会。他们开始翻译契诃夫等人的剧本，一本《俄国戏曲集》

就是他们最初的成果。他们积极投身学生运动，并都成为各自学校的学生领袖。1919年，郑振铎与瞿秋白等人还创办了《新社会》旬刊，他和瞿秋白的友谊是终生的。

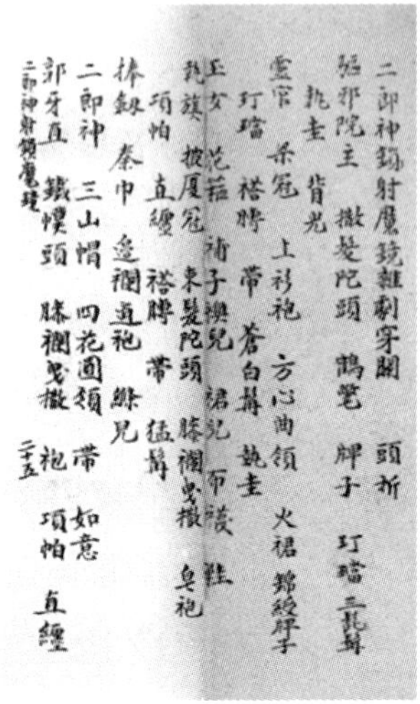

二郎神鎖射魔鏡雜劇穿關 頭折
驱邪院主 撒髮陀頭 鶴氅 膊子 玎璫 三髭髯
執圭 背光
靈官 紥冠 上衫袍 方心曲領 火裙 錦綬膊子
玎璫 褡膊 帶 蒼白髯 執圭
玉女 花箍 補子襖兒 裙兒 布襪 鞋
執旗 披厦冠 束髮陀頭 膝襴旋襖 皂袍
項帕 直纏 褡膊 帶 猛髯
捧劍 秦巾 邊襴直袍 絲兒
二郎神 三山帽 四花圓領 帶 如意
郭牙直 鐵幞頭 膝襴旋襖 袍 項帕 直纏
二郎神射鎖魔鏡 二十五

《脉望馆钞校本》一页

上面所说的基督教青年会教堂于今还在，就位于王府井大街首都剧场南侧，早些时候是东城区少年宫少年厅，前几年改为北京金帆音乐厅——全国第一座专门的教育音乐厅。当年我的小学离那儿不远，记得1960年前后，我们学校在那里开过几次会。就此我还问过当时家住附近的张梦阳先生，他说他当年就读的北京二中也是经常到那里开会的。最早青年会门楣上还写着一句基督教箴言，具体写的什么他忘了。至于小图书馆，则痕迹绝无。

脉望馆钞校本古今杂剧

1921年，郑振铎到上海，进入商务印书馆。期间担任过《小说月报》主编、《公理日报》主编、《儿童世界》主编。他还与茅盾、耿济之、叶绍钧等人组织了“文学研究会”，这是与“创造社”齐名的一大文学团体。郑振铎担任了会刊《文学周刊》主编。后来他还当过教授教过书，自己也编过、著过、译过很多书，他的《插图本中国文学史》《文学大纲》是很有名的作品，他倡议出版了《鲁迅全集》，他是《国际歌》和泰戈尔《飞鸟集》的第一位中文译者，他的散文《猫》入选了现在的中学语文课本，他平生的志趣全与书有关，包括在暨南大学兼任校图书馆馆长，包括古籍收藏。他的对书的爱好可以追述到在永嘉读高小时国文老师黄小泉给他的影响。他曾在《记黄小泉先生》一文中说："这对我爱读书的癖性的养成是很有关系的。"正是这种爱读书的癖性伴随了郑振铎的一生。而他在抗战时期对古籍的抢救，竟成为中国文化史上非常重要的一次抢救。

日军占领下的上海

1937 年，日本侵略军先是占领了上海，随后东南各省亦相继陷落。当时江浙皖以及上海藏书家所藏珍本图籍纷纷流落上海旧书肆并大量散失海外。留在上海的郑振铎对此非常痛心，特别当他看到路透社发自华盛顿的一篇电文之后更加心急如焚。电文说,美国国会图书馆东方组主任赫美尔宣称,“中国珍贵图书,现在源源流入美国,举凡希世孤本、珍稿秘藏,文史遗著,品类毕备”,国会图书馆已购进千册。中国的局势,将会和罗马当年的陷落,致使“欧洲发生四百年黑暗时代之情形相似”。将来要研究中国历史、哲学等,“或将以华盛顿及美国各学府为研究所矣。”局势的这种变化让郑振铎的古籍收藏变成了一场抢救行动。这场行动中,最具“戏剧”色彩的莫过于他收购《脉望馆钞校本古今杂剧》的曲折过程了。

元代是中国戏曲的巅峰时代,诞生过关(汉卿)、王(实甫)、马(致远)、白(朴)等戏曲大家。但由于年代久远,流传下来的剧目,很多年间仅限于明代臧晋叔《元曲选》所选杂剧一百种。后来罗振玉、王国维发现了黄丕烈士礼居旧藏《元杂剧三十种》,其中有《元曲选》中未见之十七种。另外,由于黄丕烈在书签上题了“乙编”二字,王国维推断此书必定至少还有“甲编”。1929 年,郑振铎在《国立北平图书馆月刊》上读到丁初我写的《黄尧圃(丕烈)题跋续记》一文,文中提到丁曾从旧山楼借到过一部六十四册古今杂剧,其中有杂剧二百四十余种,也是园旧藏,为赵清常手抄本。据此,郑振铎推想,这可能便是包括甲编在内的全本了。郑振铎于是托人找到丁初我,询问书的下落,丁说书已归还旧山楼。郑又亲往常熟旧山楼,由于战乱,旧山楼已成废墟瓦砾。郑振铎无功而返,除耿耿于怀别无他法。直到八年以后的 1938 年,陈乃乾告知郑振铎,苏州某书贾发现有三十二册元杂剧,抄本中多有清常道人跋,这些书正是从丁初我家中散出的。

这里头绪很多,我先尽量将涉及到的人物和事物拎清:黄丕烈,字尧圃,清代著名藏书家,士礼居主人;丁初我,又名祖荫,清末民初学者,曾任民国首任常熟县民政局长;旧山楼,常熟人赵宗建之藏书楼;也是园,清代学者钱遵王之藏书楼;赵清常,名琦美,字玄度,号清常道人,明代藏书家,脉望馆主;陈乃乾,藏书家、版本学家,中国书店掌门人。

郑振铎得到这个消息异常兴奋,苦等八年的元杂剧终于又出现了。但当时日本侵略军已经占领上海,郑振铎全家正在“孤岛”苦撑,对于千元要价自己实在无力承担。他先是将此消息电报告知政府教育部的卢冀野(郑振铎原暨大同事,词曲专家,时在汉口)和北平图书馆副馆长袁同礼(时在香港),自己则向朋友、商务馆以及上海暨大同仁借款,第二天即携千元赶到来青阁,将钱交与杨寿祺经理,杨经理除允诺次日下午从书主唐某手中取书之外,还告诉郑,说另外三十二册在集宝斋店主、古董商人孙伯渊处,自己也可以代为购买,要价不过两千。郑振铎更是喜出过望,忙着回去筹款去了。不想,当他次日下午再去竟被告知唐某手中的书已被孙伯渊于清晨以九百元购去。孙将全书合璧以为奇货,竟是非万元不肯出手了。郑振铎当然不肯罢休,好在卢冀野传来消息,说教育部打算买下。当时兼任教育部部长的陈立夫也发来电报,要他尽量压价,答应由教育部承担这笔巨资。虽然如此,但教育部拨款急切难到,还是郑振铎找暨南大学代理校长程瑞霖筹足款项,又经陈乃乾从中“作伐”,最终以九千元将书购下。

这本书被郑振铎命名为《脉望馆钞校本古今杂剧》,是赵清常在明朝万历年间用三年多的时间抄校而成的。原为六十六册,后失二册。此书先后为钱谦益、钱曾、季振宜、何煌、黄丕烈、汪士锺、赵宗建、丁祖荫等至少九位藏书家所拥有。全书包括元明杂剧二百四十二种,其中刻本六十九种,抄本一百七十三种,有元人关汉卿、王实甫、马致远,明人贾仲名、杨文奎、杨慎等戏曲家的作品和元明两朝佚名作家的神仙剧和历史剧多种,其中一半以上是未曾流传的孤本。事后郑振铎这样说:“我在劫中所见、所得书,实实在在应该以这部古今杂剧为最重要,且也是我得书的最高峰。想想看,一时而得到了二百多种从未见到过的元明二代的杂剧,这不该说是一种‘发现’么?肯定地,是极重要的一个‘发现’。不仅在中国戏剧史的和中国文学史的研究者们说来是一个极重要的消息,而且,在中国文学宝库里,或中国的历史文献资料里,也是一个太大的收获。”“这个收获,不下于‘内阁大库’的打开,不下于安阳甲骨文字的发现,不下于敦煌千佛洞抄本的发现。”

这部书先存于北平图书馆驻上海办事处,现藏于国家图书馆。在去年夏天国图古籍馆举办的古籍展上我曾见到过其中一册。在展品文字说明中，还专门对“脉望”一词作了解释，这给我留下特别印象。“脉望”是传说中成了仙的蠹虫，是很多爱书人自谓的谑称。不知为什么，一提起“脉望”总会让我想起鲁迅写到的“怪哉”。当然这些都算不得什么正经学问，知道的人也越来越少了。

至于郑振铎购得此书的戏剧性经历，也有学者持不同说法。汪家熔在《略叙〈郑振铎与脉望馆钞校本〉》一文中，以张元济、傅增湘等人来往信函为据，认为并无所谓唐某在其中，而是各持半部的潘承厚与孙伯渊将书聚合卖与郑振铎的。潘承厚，苏州藏书家，张元济的朋友。

在书的发现以及购买过程中，张元济、傅增湘、袁同礼等人都给与了高度关注，他们最大的担心是典籍的流失海外。张元济是最早在潘承厚处见到此书的三十二册的，由于商务馆无力购买，于是向潘提出“不情之请”，谓“书一出国，此后恐不可复见，可否请宽留数日，将不见于《元曲选》中者，许敝馆摄照留作底本”。在郑振铎将书购下之后，商务馆最终得以付费千元、赠书十套为价将书中未曾流行的剧目影印出版，书名《孤本元明杂剧》。至于九千元的购书款，应该是最后由教育部核销的。按照郑振铎当时的说法，自己“几经努力，费尽苦心，始设法代某国家机关购得”，这个某国家机关就是国民政府教育部。（段落引文见《张元济年谱》）

在“以余之孤军与诸贾竞”的过程中，郑振铎深感势单力薄，终于，他联系商务印书馆的张元济、光华大学校长张寿镛、暨南大学校长何炳松、北京大学教授张凤举，在 1940 年的上海“孤岛”，成立了文献保存同志会。并向政府教育部、管理中英庚款董事会等部门机构申请拨款抢救古籍。由郑振铎、张凤举分管采访等具体事宜，张寿镛、何炳松负责保管经费，张元济负责鉴定宋元善本。在而后不到两年的时间内，以政府教育部所拨百多万元款项，抢救了大量珍贵古籍。购得玉海堂、群碧楼、邓氏风雨楼、张氏蕴辉斋、海盐张氏、武进陶氏、南浔张氏适园、刘氏嘉业堂、常熟瞿氏铁琴铜剑楼等著名藏书楼流散出之珍藏，共收善本古籍多达三千八百余种，其中宋元刊本三百余种。依原中央图书馆馆长蒋复璁言,中央馆善本库中的藏品,几乎都是文献保存同志会从“孤岛”时期的上海抢救出来的。

在《劫中得书记·序》中,郑振铎说了这样的话:“余素志恬淡,于人世间名利,视之蔑如。独于书,则每具患得患失之心。得之,往往大喜数日,如大将之克名城。失之,则每形之梦寐,耿耿不忘者数月数年。”这些话,是他的真情写照。

(2009-2-3)

“青年会”馆

在北京王府井大街首都剧场南侧，有一座金帆音乐厅，一座专门的少年儿童教育音乐厅。它的前身是东城区少年宫少年厅，最早则是基督教青年会教堂。基督教青年会（Young Men's Christian Association）简称 Y. M. C. A.，是基督教重要的宗教团体，19 世纪末创办于英国，发达于美国。其主要宗旨为“四育”，即德、智、体、群（Spiritual，Mental，Physical，Social）等四个方面的培养与教育。这里面的“群育”前所未见，参照英文，大概是指社会意识、群体交往以及社会服务能力。基督教青年会进入中国大约是在 1885 至 1895 年间，1896 年，在全国各地二十七个学校青年会的基础上成立了中国基督教青年会（当时叫做中国学塾基督幼徒会）。基督教青年会虽为宗教团体，但它把宣传科学、介绍西方文化、推进社会改革、发展新式教育、发展现代体育作为活动重点，组织讲演、举办运动会、组织留学和海外交往是开展活动的主要方式。设立对公众开放的图书馆也是方式之一。

瞿秋白像

北京的基督教青年会成立于一百年前的 1909 年，原址在东单路口一带，后迁至米市大街，以后的很多年那一带一直是以“米市大街青年会”作为一体化地名。至于前面说的金帆音乐厅应该是青年会的一处教堂，有三层楼，高高的开着圆洞窗口的楼顶砖塔让它看起来别具一格。在这座教堂里有一座小型图书馆，里面也就大约六七个玻璃书柜的图书。就是这么小的图书馆，在“五四”运动的前夕，一时间竟聚集了一批优秀青年，这些人后来都成了中国现代史和现代文学史上的重要人物。他们是：瞿秋白、郑振铎、许地山、耿济之、瞿菊农。

作为共产党曾经的最高领袖以及"左倾"错误路线的代表人物，瞿秋白在中国现代史上有非常高的知名度。瞿秋白（1899—1936）原名瞿双，还有瞿霜、瞿爽等曾用名。江苏常州人。早年曾在武昌外国语学校学英文，后来到北京，1917 年考入北洋政府外交部办的俄文专修馆。1919 年参加五四运动，1920 年初参加李大钊的马克思学说研究会，1922 年在莫斯科经张太雷介绍加入中国共产党。1927 年 7 月至 1931 年担任中共领袖，施行了一条被称为"左"倾盲动主义的错误路线。他未随红军主力长征，1935 年在福建被围、被捕、被杀。瞿秋白有作品存世，我只看过一篇——《多余的话》。这是他的临终绝笔，文笔平和，字句间淡淡的哀愁令人难忘。诚如斯言，让一个文人去做党领袖是个"历史的误会"。

因为郑振铎已有专门篇章，这里就介绍许地山、耿济之和瞿菊农。许地山（1893—1941）名赞堃，字地山，生于台南，落籍福建龙溪。1917 年考入北京燕京大学文学院，1920 年毕业后留校任教。1921 年，他与沈雁冰、叶圣陶、郑振铎等人发起成立文学研究会，创办《小说月报》。1922 年留学美国和英国，研究哲学、宗教学。1927 年回燕京大学任教授。1935 年应聘任香港大学文学院教授，同时兼任香港中英文化协会主席。1937 年"七七"事变之后，担任中华全国文艺界抗敌协会香港分会常务理事，积极为抗日奔走呼号，1941 年病逝。许地山常年致力文学创作，有《空山灵雨》《缀网劳蛛》《危巢坠简》等以及一些印度文学的研究作品和翻译作品。1988 年拍摄的电影《春桃》就是根据他的同名小说改编的。导演凌子风，主演刘晓庆、姜文。

耿济之（1898—1947）原名匡，字孟邕，笔名济之、C. Z。上海人。1917 年就读于北京俄文专修馆，与瞿秋白同学。毕业后进北洋政府外交部，先后在苏联伊尔库茨克、列宁格勒、赤塔等地的中国领事馆工作。耿济之是著名翻译家，他翻译了大量俄罗斯文学作品，果戈理、屠格涅夫、托尔斯泰、陀思妥耶夫斯基、契诃夫、高尔基等人的经典名著如《钦差大臣》《父与子》《猎人笔记》《复活》《罪与罚》《白痴》《大雷雨》《马特威·特里米亚金的一生》,都是经他之手介绍给中国读者的。抗战时期他在上海闭门译书,1947 年病逝。

瞿菊农(1901—1976)原名瞿世英,江苏常州人。他与瞿秋白是本家,年龄虽小两岁,却是瞿秋白的叔叔辈。“五四”前后在燕京大学研究科就读,1922 年毕业。1921 年英国哲学家罗素的来华访问和 1924 年泰戈尔的中国之行是当时中国文化界的重大事件,瞿菊农都曾担任翻译陪同。他于 1926 年获哈佛大学哲学博士学位,是第一位被哈佛授予哲学博士学位的中国学生。回国后,他先后在清华、北大、北师大、北京女子师范大学等学校任教,还担任过湖南大学文学院院长、中华平民教育促进会研究部主任、联合国教科文组织中国代表团顾问兼秘书长等职。他还曾先后与人合办《哲学评论》《文哲月刊》等刊物。他是中国知名学者和教育家。

青年会图书馆里的图书多是英文的文学读物,其中包括很多俄国文学名著的英译本。依郑振铎之子郑尔康说,馆里也有俄文原著,相信正是这些俄文原著吸引俄文专修馆的瞿秋白和耿济之的。图书管理员是个美国人,是他向郑振铎推介俄国名著的英译本。这样,不管是俄文原著还是英译本,他们读书的重点都集中在了俄国文学。共同的爱好以及人生志向使几位年轻人成为朋友,这种友情竟是终生不渝的。他们组织读书会,开始试着翻译作品。1919 年的“五四”运动,他们都是所在学校的学生领袖,是运动的积极参与者。后来,他们接受青年会的委托创办了学生刊物《新社会》,在由郑振铎执笔的《发刊词》中道出了他们的共同理想:“创造德克拉西的新社会。”

由于有明显的激进倾向,旬刊《新社会》只出了十九期就被京师警察厅查禁了。他们转而又创办了《人道》月刊。《人道》月刊的出资方同样是青年会,可惜只出了一期,青年会是“怕这些年轻人再出什么乱子而借故资金困难,迫使其停刊了。”(郑尔康:《我的父亲郑振铎》)当时,耿济之有一位叶姓前辈在办一份名叫《新中国》的刊物,大家开始翻译俄国文学作品给这个刊物投稿，耿济之的第一篇译作是托尔斯泰的《家庭幸福》，郑振铎的作品则是从英译本转译的。加入他们这个翻译团队的还有耿济之的两个弟弟：耿式之、耿勉之。

1920年岁末，郑振铎、耿济之、许地山、沈雁冰、叶圣陶等几位志同道合的文学青年开会，商量组织一个文学团体，还发了一个宣言，这便是文学研究会的开始。开会地点在东城万宝盖胡同的耿济之住所。1921年1月4日，最早成立的、在中国现代文学史上占有重要地位的文学社团——文学研究会，在中山公园来今雨轩正式成立。发起人有郑振铎、耿济之、瞿菊农、许地山、朱希祖、王统照、沈雁冰、蒋百里、叶绍钧、郭绍虞、孙伏园和周作人。文学研究会的口号是"为人生"，这与从尼古拉二世以来的俄罗斯文学传统是一脉相承的。后来，文学研究会开始了与商务印书馆的接触合作，翻译出版了《俄国戏曲集》，又组织翻译大量俄罗斯文学作品，以总题《俄罗斯文学丛书》编入了商务印书馆的《共同社丛书》。耿济之翻译了《复活》《父与子》和托尔斯泰的《艺术论》，还和瞿秋白合作翻译了《托尔斯泰短篇小说集》。他们对俄罗斯文学的介绍是开创性的，其中一些人终生而为之。

当年耿济之与郑振铎还以C. Z. 和C. T. 的笔名合译了《赤色的诗歌——第三国际颂歌》，即《国际歌》。不想后来瞿秋白就是唱着这首歌慷慨赴刑的。

一个仅有六七个书柜的青年会图书馆，藏书大约不过三两千册，竟可以聚集如此的有为青年，而他们对中国文化发展进程的影响又是如此深远，很有让人觉得不可思议之处。

补记：1966年的"红八月"，在北京八宝山革命烈士公墓中的瞿秋白墓碑被砸，尸骨被"扬弃"，远在江苏老家的父母之墓亦获同样待遇。

（2009－2－19）

保存文献的“同志会”

1937 年淞沪会战后，中国军队西撤，11 月，上海除苏州河南岸的法租界和公共租界之外的土地落入日本侵略军之手。1941 年 12 月太平洋战争爆发，日军进而占领上海租界，上海全部沦陷。从 1937 年 11 月至 1941 年 12 月这一特定时期，被称为上海的“孤岛时期”。在四年的孤岛时期，一些留在上海的文化人成立了一个“文献保存同志会”，在保护中国珍贵古籍方面做出了巨大贡献。文献保存同志会的组成人员都是学界名人，他们是张元济、郑振铎、何柄松、张寿镛和张凤举。张元济与郑振铎前文已经做过介绍，这里介绍一下后三位人物。

何柄松(1890—1946)字伯丞，浙江金华人。史学家，翻译家，曾任北京大学教授、上海暨南大学校长、商务印书馆编译所所长、副经理。何柄松幼年聪慧过人，浙江高等学堂毕业后留学美国，在威斯康辛大学和普林斯顿大学获学士学位和硕士学位。他的硕士论文题目是《论中国古代国际法》，素材选自《左传》和《战国策》。回国后任教北大，与胡适一起，成为北大新派教授的代表人物。2007 年，何柄松以暨南大学校长身份入选《中国著名大学校长书系》(第二辑)传主，传记书名为《忠信笃敬——何柄松传》。“忠信笃敬”四个字出自《论语》，是暨南大学校训。

张寿镛(1876—1945)字伯颂，号咏霓。浙江鄞县(今宁波市)人。清末翰林。曾任淞沪捐厘总局提调、宁波政法学堂监督、杭州关监督。民国后，历任浙江、湖北、江苏、山东等省财政厅厅长、江苏沪海道尹等职。1925 年“五卅”运动中，上海圣约翰大学师生五百五十二人抗议美籍校长卜舫济(Francis Lister Hawks Pott)阻挠下半旗哀悼“五卅”惨案死难同胞，愤而离校创办上海光华大学，张寿镛积极参与其间，被聘为光华大学校长。张寿镛平生好藏书，设约园，藏书约十六万卷。

1928 年任国民政府财政部次长兼江苏省财政厅厅长。孤岛时期执教于光华大学。

张凤举（1895—？）名黄，字凤举，又字定璜，江西南昌人。北京大学文学教授，版本学家。

孤陋所致，我对于张凤举生平知之甚少，尤其晚境乃至卒年都是问号。但他却是历史上很有名的人物，事例散见于多篇文章之中。他早年留学日本，1921 年回到国内即到北京大学任教。他和鲁迅、周作人是朋友，曾与鲁迅轮流编过《国民新报副刊》乙刊。他曾在 1925 年写过一篇题为《鲁迅先生》的文章，其中有这样的文字：

鲁迅先生站在路旁边，看见我们男男女女在大街上来去，高的矮的，老的小的，肥的瘦的，笑的哭的，一大群在那里蠢动。从我们的眼睛，面貌，举动上，从我们的全身上，他看出我们的冥顽，卑劣，丑恶和饥饿！……我们知道他有三个特色，那也是老于手术富于经验的医生的特色，第一个，冷静，第二个，还是冷静，第三个，还是冷静。

这些文字多次被后人所引用并以为灼见。

最令张凤举名气提升的是有关鲁迅的"抄袭门"事件。1926 年，陈西滢在《现代评论》和《晨报》上发表文章，认为鲁迅的《中国小说史略》抄袭日本人盐谷温的《支那文学概论讲话》。鲁迅随之在《语丝》上发表《不是信》予以反驳。事情过去十年之后，1936 年，胡适在发表的给苏雪林信中却为鲁迅做辩护。信中说："鲁迅自有他的长处。如他的早年文学作品，如他的小说史研究，皆是上等工作。通伯（陈西滢）先生当日误信一个小人张凤举之言，说鲁迅之小说史是抄袭盐谷温的，就使鲁迅终身不忘此仇恨！现今盐谷温的文学史已由孙俍工译出了，其书是未见我和鲁迅之小说研究以前的作品，其考据部分浅陋可笑。说鲁迅抄盐谷温，真是万分的冤枉。盐谷温一案，我们应该为鲁迅洗刷明白。"由于胡适信中直指张凤举为小人，张凤举遂以"小人"留名后世。直到 1997 年，顾颉刚之女顾潮在回忆录中披露，当年是顾颉刚认定鲁迅有抄袭之嫌并把看法透露给陈西滢的。这多少算是给张凤举洗刷了些名声。张凤举曾在李石曾改组北大时（1928 年左右）被任命为文学院院长，看来学问应该是不错的。关于张凤举的生平事迹，我顺便问了“鲁博”的王世家先生，王先生说张凤举在1930年前后去了法国，至于去法国以后的情况就不清楚了。

战乱给上海以及东南各省的文化生态带来严重破坏。除了日军的直接损毁之外，不少藏书家或其后人也不得不出售藏品以度时艰。江南著名藏书楼如刘氏嘉业堂、邓氏群碧楼、瞿氏铁琴铜剑楼、刘氏玉海堂等藏品多有流出。而日本人、汉奸则大肆搜罗，美国人也在趁机购买。特别一些大的机构如日伪华北交通公司、哈佛—燕京学社以及一些汉奸文人依仗雄厚资金，一时逞霸上海书市。这种情形，让一些爱国的、有良心的文人心急如焚，其中最具代表性的人物是郑振铎。他曾有言：“我辈书生，手无缚鸡之力，但却有一团浩然之气在。”但虽然有这浩然之气，虽然成功回收了国宝级的《脉望馆钞校本古今杂剧》，他还是深深感到，仅凭一己之力是无法真正完成抢救国宝的历史使命的。于是，郑振铎先是找到商务印书馆董事长张元济以及上面介绍的何柄松和张寿镛商量，由郑振铎起草，几人联署向重庆政府、教育部、管理中英庚款董事会等部门机构以及蒋介石、陈立夫、朱家骅等人上书，痛陈文献遭劫之危急状态，恳请当局设法拨款抢救。重庆当局随即做出决定，派中央图书馆馆长蒋复璁潜回上海全权处理委托收购古籍文献事宜。1940年1月19日，蒋复璁以及张元济、郑振铎、何柄松、张寿镛还有张凤举在张元济家召开会议，正式成立了文献保存同志会。同志会制定了组织章程，对外严格保密，仅以暨南大学、光华大学、涵芬楼的名义收购流散古籍。具体分工是：郑振铎、张凤举负责采访（后张凤举转往后方，教育部委派故宫博物院古物馆馆长徐森玉代之），张元济负责版本鉴定，何柄松、张寿镛掌管财务。而资金则出自政府教育部，额度为四十万，其中三分之一交与叶玉甫，委托其在香港收书。

据蒋复璁回忆，重庆当局收到郑振铎等人的电函后，想到“中央图书馆在战争爆发前，承中英庚款董事会拨助建筑费法币百余万元，未及动用，而因乱迁移。于是中英庚款董事长朱家骅先生开示于余，以为长期抗战，币值必将贬落，如俟还都建筑，则所值无几，不如以之购置图书，既足以保存国粹，又使币尽其用，诚两利之术。时值教育部长陈立夫先生出巡在外，顾毓琇先生以次长代理部务，亦深韪其议。及立夫先生返部，力赞其事。余奉命至上海，与诸君晤商，收购散佚之珍本图书。"（蒋复璁：《涉险陷区访"书"记》）蒋介石在接信之后，也对此事给予足够重视。教育部曾有"为奉主席代电令仰该馆迅即鉴定收购南浔张氏适园藏书具报"等文件，可知郑振铎他们抢救收购图书一事确实还曾得到蒋介石的同意。这里所说的"代电"是当时的公文形式之一，内容简要如电报文稿，用快邮寄递，称"快邮代电"或"代电"。至于资金，除四十万一说外，还有七十万、一百万抑或三百万的不同说法，未作深入了解，不敢确定。

有了钱就可以大举行动。文献保存同志会首先以一万七千元收购了集宝斋店主孙伯渊所藏苏州玉海堂的一批藏书。接着又以五万五千元收购了苏州邓氏群碧楼藏书近四万册。两笔交易在上海及江南各地书市上产生较大影响，拉开了同志会抢救古籍之战的序幕。随后又强势收购了邓氏风雨楼、张氏适园和刘氏嘉业堂藏书。南浔嘉业堂藏书是收购中花费最大的一笔，以二十五万元购得明刊本一千二百余种。从 1940 年 1 月到 1941 年 12 月的将近两年的时间里，文献保存同志会总共抢救珍本图籍三千八百余种共一万八千余册，其中宋元善本三百余种。要知道，当时北平图书馆馆藏善本也不过三千九百余种，而文献保存同志会抢救的珍本图籍在数量上竟与之相当，足显其辉煌成就。

在当时，人们对同志会的抢救活动也颇有争议。叶圣陶在郑振铎以教育部公款收得《脉望馆钞校本古今杂剧》之后写信给黄裳，说"铎兄代购之元曲，中间有无出色之作？教部居然有此闲钱，亦殊可异。现在只要看到难民之流离颠沛，战地之伤残破坏，则那些古董实在毫无出钱保存之理由，我们即没有一只夏鼎商彝，没有一本宋元精椠，只要大家争气，仍不失为大中华民族也。以教部而为此，亦不知大体之一征矣。"巴金也曾经说："敌人的枪刺越来越近了，我认为不能抱着古书保护自己，即使是稀世瑰宝，在必要的时候也不惜让它与敌人同归于尽。”但是，随着时间的推移，古籍的抢救的重要意义越来越显现，人们的看法也由争议转向认同。在两年的艰难岁月中，文献保存同志会抢救出的古籍竟然“创立了整个国家图书馆”（郑振铎语），蒋复璁也说过，中央图书馆的善本书库，几乎都是同志会收购的。可以说，在那场全民抗战中，文献保存同志会做出了自己的特殊贡献。

（2009－2－22）

一塔湖“图”
——北京大学图书馆纪略

北京大学是中国最著名的大学，是戊戌变法的重要产物。它始建于1898年，原名京师大学堂，辛亥革命后的1912年改称北京大学。校舍最早设在沙滩后街的和嘉公主府，1918年迁入沙滩红楼。1952年迁到海淀燕园至今。

北大有“一塔湖图”之说，指的是博雅塔、未名湖、图书馆。这里说说北大的图书馆，特别是早期的相关人和事。

胡适与毛子水

光绪二十四年(1898年)六月二十日，京师大学堂正式成立。当局拨马神庙空闲府第——和嘉公主府为大学堂校舍。除对旧房进行修缮之外，又新建房一百余间。光绪二十六年八国联军攻入北京时，房舍大部被俄国占领军毁损。光绪二十八年十二月才得以修复。

京师大学堂成立之时就建了藏书楼，设在公主府正殿后的公主梳妆楼。从一张楼下站满了身着清朝官服官员的照片上能看出来，那是一座很漂亮的二层小楼，木结构，这楼“文革”后才被拆除。和嘉公主是乾隆皇帝的四女儿，据说指间有蹼且不能伸直，人称佛手公主。好在皇帝女儿不愁嫁，即便身有残疾，也还是下嫁给了一等忠勇公傅恒之子福隆安。婚后夫妻恩爱，奈何寿命不永，二十三岁时便死了。公主府后来被内务府收回闲置。光绪二十四年京师大学堂成立，公主府被拨作学堂校舍。在北大红楼建成之后，公主府则成为北大二院（理学院）。后来北大整体迁至燕园，公主府则成为人民教育出版社和高等教育出版社社址以及员工宿舍。1995 年我曾进过院内找人，那是一座我所见到过的最凌乱的大杂院。

藏书楼初建时，原强学会和官书局的藏书成为第一批藏书。后又陆续购进一些中文书籍以及一定数量的西文图书和地图。由于藏书楼规模较小，当时尚未成为学堂的专门机构。1900 年八国联军占领北京，京师大学堂被沙俄军队占领，整个校舍包括藏书楼在内都被破坏，大学堂因此停办，直到 1902 年才在管学大臣、吏部尚书张百熙的主持下得以恢复。复校当时，建设藏书楼成为要务，梅光羲被任命为藏书楼第一任主管。图书入藏方面，并入京师大学堂的同文馆藏书成为复校后的第一批藏书。京师大学堂除学校身份之外还具备国家学政主管功能，这样它可以向各省无偿征调图书，江苏、浙江、湖南、湖北、江西、广东等省官书局都曾将已刻印的经史子集和时务新书呈缴。另外也有私人捐赠，其中有巴陵藏书家、碧琳琅馆主方功惠之孙方湘宾的碧琳琅馆遗藏一千八百八十六种两万两千一百七十册。这些古籍，“奠定了（馆藏）善本书的基础”。除外，也有通过各种渠道购入的西学图书以及仪器标本。很快，藏书楼藏书达到七万八千余册，图书管理制度也逐步形成，这些都为后来北京大学图书馆的发展打下了良好基础。

现在的北大红楼

未名湖与博雅塔

辛亥革命以后的1912年，京师大学堂改名北京大学，藏书楼改称北京大学图书部。1917年，蔡元培入主北大，北大迎来了发展的全新阶段。蔡元培非常重视图书馆建设，他在《就任北京大学校长之演说》中，将筹集款项，添购书籍作为优先开展的重要事项。在馆舍安排上，他将图书部从公主府迁入新建成的红楼一层。在人事安排上，他任命李大钊为图书部主任。在李大钊任职的四年里，藏书量每年都有一万册左右的增长。图书部的发展速度，从藏书量的增长上可以看出。

梅氏五兄弟(中为梅贻琦)

李大钊是经章士钊介绍被聘为图书部主任的。众所周知，李大钊是中国共产运动的创始人，是政治活动家，但他同时又是学者，还是个图书馆学方面的专家。在他主持图书部工作的四年中，制订了积极的发展规划，完善了相关规章制度，秉承“兼容互需”的藏书建设方针，配合教学改革，并具体提出开办图书馆教育传习所的建议以及采取增加副本和开架阅览等细节措施。在李大钊的任职期间，完成了北大图书部从封闭式的藏书楼向开放式的图书馆的根本性改变。美国《ALA世界图书馆和情报服务百科全书》称李大钊为“中国现代图书馆之父”。关于李大钊的生平事迹介绍，可参照拙作《李大钊与亢慕义斋》一篇。

接替李大钊任图书部主任的是袁同礼。袁同礼是中国图书馆学界的最重要人物之一，关于他的生平事迹，亦可参阅拙文《袁同礼与“平馆善本”》。他在担任北大图书部主任期间，努力维持在艰苦条件下的发展，包括组织人员为大量积压的西文书刊用西式新法整理编目。

1929年,北大“五马”之一的马衡担任图书部主任。马衡(1881—1955)字叔平,浙江鄞县(现属宁波市)人,他是马廉的兄长、马彦祥的父亲。他1922年被聘为北京大学研究所国学门考古研究室主任兼导师。1924年入清室善后委员会,参加清点清宫物品工作。1925年任故宫博物院古物馆副馆长,1934年任故宫博物院院长。他在北大图书部期间,曾邀武昌文华大学图书馆专科的高年级学生帮助整理积压的西文书籍,公布新拟定的《图书馆借书规则》,并在1929年组织创刊《北大图书部学刊》。在学刊第一期的《发刊辞》上曾有这样的话:“本校受军阀蹂躏,风雨飘摇,不绝于缕,因此本馆不但不能买书,连现状都不易维持,十多年来所有的工作都无形中停顿了。”这段话,应该是北洋政府倒台前后的情景写照。

1929年北大又一次“复校”,[①]蒋梦麟任北京大学校长。蒋梦麟(1886—1964)原名梦熊,字兆贤,号孟邻,浙江余姚人。他官费留美,与胡适同为杜威学生。他是全国易帜后的国民政府第一任教育部长,是从教育部长任上到北大任校长的。蒋梦麟非常重视发展学校图书馆,在他的主持下,图书部正式改称图书馆并成为校长直属机构,其地位与学校各院相当。成立图书委员会,规定以全校经费的五分之一作为图书仪器经费,同时各方筹集资金准备建造新馆。1935年,新馆建成后,蒋梦麟校长亲任图书馆馆长,足见其对图书馆的重视程度非同一般。

在新馆建成之前,由于红楼一层的老馆日渐窄仄,当时以史学教授兼任图书馆馆长的毛子水,在松公府内的一座四合院中建造了临时图书馆。毛子水(1893—1988)名准,字子水,浙江衢州江山县人。毛子水家学渊源,21岁考入北大,学理学、数学。毕业后先是留校任史学

---

① 1927年,奉系军阀占领北京期间,宣布取消北大,将北大与北京其他八所国立大学合并为京师大学校。1928年,南京国民政府先将京师大学校改为中华大学,又改为北平大学,复改为国立北平大学北大学院。1929年北京大学宣布自行复校,国民政府随后将北大学院改为国立北京大学。1930年,曾三度代理北大校长的蒋梦麟开始执掌复校后的北京大学。

讲师，后留学德国，回国后仍在北大教书。抗战期间，北大、清华、南开在长沙联合组建了临时大学图书馆。随着战事进展，这批图书是由毛子水护送从长沙至桂林、经虎门、过香港、走安南、又经滇缅公路到达昆明的西南联合大学的。他先后担任北大图书馆馆长十七年，是所有馆长中任期最长的。

松公府原是傅恒府第，后其裔孙松椿袭爵，人遂称松公府。傅恒府第在红学领域很有地位，有一说就是认为傅恒府即荣国府，与公主府相邻恰为一街两府的红楼格局。临时图书馆被人称作松公府旧馆，相对于此，就是于 1935 年建成的新馆了。新馆位于松公府院内旧馆西侧，是一座钢筋混凝土的新式楼房，楼房呈“山”字形，两侧二层，中间及后部四层，建筑面积六千六百平方米。全馆设中文、西文、期刊、指定参考书和特别阅览室等五个阅览室，可同时接待五百人，设计藏书三十万册。馆内设施先进，供暖、采光、卫生、电气等都采用了当时世界上最先进的设计。这里应该提到的是，北大图书馆新馆的主要资金来源，与文津街的北京图书馆一样，是美国退还的庚款。这座图书馆于今还在，是为中宣部图书馆。而整个院子，则是《求是》杂志社。

新馆馆长虽然由蒋梦麟校长兼任，但具体运作则交由主任严文郁担当。严文郁（1904—2005）字绍诚，湖北汉川县人。早年毕业于武昌文华图书馆专科学校，后赴美进修，在哥伦比亚大学取得图书馆学硕士学位。他在担任北大图书馆主任时，由于经费充裕，图书馆各项事业获得较快发展。特别是采用皮高品《中国图书十进分分类法》，用大约一年的时间，完成了反映全部馆藏的卡片目录体系，完成中、西文图书书名、著者、分类三套目录，编制出《国立北京大学图书馆丛书目录》和《国立北京大学图书馆期刊目录》。抗战期间，严文郁随校南迁，担任西南联大图书馆主任。1945 年，严文郁担任了重庆罗斯福图书馆的第一任馆长。严文郁后来去了台湾，又去了美国，常年从事著述讲学。他活了一百零二岁，可能是图书馆学界中最长寿的。

抗战胜利后的 1946 年，北京大学迁回北平。胡适担任了校长，毛子水再次担任图书馆馆长。毛氏是衢州大家，毛子水与名媛毛彦文是叔侄关系，毛彦文当年逃婚就是藏在毛子水家的。毛子水学识渊博，有“百科全书式学者”之称。据任继愈先生回忆，毛子水开“科学方法论”课，对图书馆事务采取“无为而治”的超然态度。胡适与毛子水关系很好，有故事说，聚会中有人曾以“毛子水”属对，众人尚纷纭之时，胡适戏以“野人山”对之（抗战期间，中国远征军在野人山的惨烈遭遇，使其成为一时的热门话题）。胡适对毛子水的学识十分赞赏，曾称毛子水为“东方图书馆”。1949 年，胡适以校长身份接大学教授撤离北平，最后一架次飞机只接了毛子水一人。

1949 年，向达成为中华人民共和国成立后的第一任馆长。向达（1900—1966）字觉明，湖南溆浦人，土家族。向达是史学家、敦煌学家、目录学家，曾在北京大学任教，也在北京图书馆供职多年。1935 年，他作为交换馆员曾到英国牛津大学图书馆整理中国图书，又在英法两国研究太平天国和敦煌文献，收集到很多珍贵资料。1942—1944 年，他带领考察团到西北地区考察，在敦煌研究等方面取得成果。他在北大教书时，兼做图书馆工作。他担任馆长后，十分重视馆藏建设，自己亦十分热衷亲自为图书馆采访图书、搜罗古籍文献。他收集到的流散在外的敦煌经卷二百卷，成为北大图书馆的镇馆之宝。在向达任上，图书馆还先后制定了《中文编目股工作条例》《西文编目股工作条例》《俄文编目股工作条例》《期刊编目股工作条例》《采访部工作手册》等业务规范，并沿用燕京大学图书馆做法，以《美国国会图书馆主题表》编制主题目录。1957 年，向达“理所当然”地成为右派，他与黄现璠、雷海宗、王重民、陈梦家成为史学界的五大右派。这五位学人，雷海宗仅活到 1962 年，而向达、陈梦家、王重民三人则在“文革”中自杀。还有一种说法，说向达实际上是在“改造”中累死的。按当下的流行语，大约可以算作“被自杀”。

1952 年院校调整，燕京大学被撤销，北京大学迁入燕园，燕京大学图书馆包括其五十万册藏书也并入北京大学图书馆，并逐渐形成以原燕大图书馆为总馆的新格局。由于馆舍较小，兴建新馆的要求十分迫切,但很长时间内并未解决。以致形成藏书分散在十五个地方的混乱格局,管理和借阅都非常不便。1975 年,新图书馆在燕园中心落成,总面积达两万四千平米,阅览座位两千四百个,设计藏书量三百六十万册,这是当时国内建筑面积最大、设施最好的图书馆。这座图书馆后来被称作"西楼"。

相对于"西楼"的"东楼"是由香港实业家李嘉诚捐资兴建的,落成于 1998 年北京大学百年校庆之际。新馆与旧馆完美对接,总建筑面积达到五万一千平方米,阅览座位四千一百个,在规模上成为了当时亚洲第一大高校图书馆。

北京大学图书馆现有藏书七百零三万册,其中古籍善本大约一百五十万册,有宋元刻本三百多种,明清善本、名家稿本、信札、手抄本、批改本不计其数。特别要提到的是,由于 1937 年收购了马廉不登大雅之堂藏书以及 1988 年马彦祥以马廉继子身份将马廉藏书以及自己个人藏书捐入,使北大图书馆的小说戏曲书籍成为特色馆藏之一。2005 年的嘉德秋拍会上,北京大学图书馆以五百五十万元的巨资拍得京剧大师程砚秋玉霜簃藏书一套一千余册,这一动作,成为当时北大图书馆的惊世之举。

1934 年,胡适、傅增湘、袁同礼曾有意为北平图书馆收购天津藏书家李盛铎的木犀轩藏书,由于李家要价太高而作罢。日军占领天津之后,李盛铎之子李滂出任伪职。伪当局以四十万之价买下木犀轩藏书并交与北京大学图书馆。日伪时期,北大图书馆的藏书与设备全部沦陷,在留守人员力保之下,图书馆未受太大损失已属万幸,还能收入异常珍贵的木犀轩藏书,岂不更是难得。

从 1902 年藏书楼正式设置以来,北京大学图书馆已经有了百余年的历史。如今的北京大学图书馆依然是亚洲最大的高校图书馆。这座非比寻常的图书馆,是令人神往的"精神家园"。

(2009 -3 -6)

自图书馆始　至图书馆终

“自图书馆始，至图书馆终”是章立凡在一篇写张申府文章中的一句话。文章标题是：《历史尘封的哲人——记张申府先生》。章立凡是章乃器之子，近年多有纪实作品行世。

张申府（1893—1986）原名张崧年，河北献县人。他1908年（光绪三十四年）考入顺天高等学堂中学班，1912年转入北京高等师范学校附中，1913年考入北京大学预科，1914年考入北大哲学系，后转入数学系。1917年毕业后留校任助教。他前后在北大八年，八年间，他与北大图书馆有着深度交往。只是这种交往竟然会深度影响他之后的人生，有些怪异。

张申府家庭照

北大预科并不在沙滩后街的和嘉公主府，而是在北河沿前清译学馆旧址。当时北大图书馆还只是一座设在公主府内的藏书楼，最初连阅览室都没有。北大共有文、法、理、工、预五科，张申府开始上的预科，应该是大学的预备阶段。他在预科学数学，但他却对哲学更感兴趣，自己读了很多哲学方面的书。这些书，应该是在学校藏书楼看的。他在一篇回忆文章中说：

“我上预科的时候，常常从北河沿到藏书楼来借书，犹记得那时我借的书有德文与法文的《数理科学百科全书》等。一个大学预科一年级的学生，借读这样高深的德法文书，当时并不很多。这得到了冯祖荀先生的青睐，藏书楼的管理人员由此也给了我许多方便。上本科后，我更是经常呆在阅览室里。那里的书本来无多，我可以就架恣意快读，除了工程书以外，柜里的书几乎没有我不看的……有一天，我发现了一本装帧精美的书，是精装本，1914 年美国出版，书名是《我们的外界知识》，英国罗素著。翻看一遍，觉得很有意思，又坐下来接连看了两遍，真有点爱不释手了。由此我发现了罗素，并对之产生了兴趣。30 年代，我一度再任北大讲师，专讲罗素哲学，这也可以说是与北大藏书楼的帮助分不开的。”（张申府：《从藏书楼到红楼》）

这样看来，张申府的学业中的很大部分是在图书馆中完成的，他最终的专业也是在图书馆中选定的。

1916 年，张申府经同学介绍认识了刚从日本留学归来的李大钊。1917 年，李大钊担任了北大图书部主任，张申府助教课程不多，便经常到图书馆里帮李大钊做事。在红楼一楼李大钊主任室旁边有一间登录室，张申府就在登录室工作。当时，李大钊组织学生“勤工俭学”，让学生在课余时间帮助整理图书，翻译、编目、打印卡片等，最后的检查和校对就由张申府来做。每年暑期李大

刘清扬像

钊回老家度假时，也是由张申府代理馆务。由于两人之间的经常交流，张申府在思想上受到李大钊的很大影响，竟成为李大钊在共产主义信仰上和组织行动中的第一位同志。

李大钊不仅在北大图书部做主任，还在北大校园内开办了一座名为“亢慕义斋”的图书馆，这是一座以共产主义为标榜的图书馆，是“北京大学马克斯学研究会”和“北京共产主义小组”的主要活动地。“北京共产主义小组”是共产党前身，他的发起人一共三人，第一是李大钊，第二是张申府，第三是张国焘，而张国焘则是由张申府介绍加入的。1920 年，共产国际东方局代表魏金斯基来华帮助建党，在北京找李大钊和张申府，在上海找陈独秀，由此奠定了中共建党基础。当年的 10 月 4 日，李大钊、张申府、张国焘在亢慕义斋聚会，发起成立了北京共产主义小组。罗章龙、刘仁静、邓中夏、高君宇、张太雷等先后加入，李大钊、张申府、张国焘成为这个早期共产党组织的领袖人物。张申府应该是一位组织能力很强的领袖人物，他不单发展了张国焘，还是周恩来、朱德等重要人物的入党介绍人。在图书馆，张申府结识了天津学生领袖刘清扬，他后来不但发展刘清扬成为中共的第一位女党员，还把刘“发展”成了自己的夫人。1920 年 11 月，他原定为北大公派图书馆学专业的留学生，后改为以蔡元培秘书身份赴法，到巴黎的中法大学任教，教逻辑学。赴法期间，在他发展了刘清扬、周恩来、赵世炎、陈公培等人入党之后，即在巴黎成立了共产主义小组，而该小组便是中共旅欧支部的前身。只是由于他身在法国，错过了建党“一大”，没有成为参会代表，只是五十名“被代表”之一。

张申府后来担任过黄埔军校的政治部副主任，是第一位担任黄埔教职的共产党员。后来是他推荐周恩来到黄埔军校的。1925 年，他因与张太雷等人意见相左愤而退党，先是从教，多年后又积极参加“一二·九”运动，成为游行三大总指挥之一。又在北平组织了华北各界救国联合会，并加入了在上海成立的全国各界救国联合会。全面抗战之后成为国民政府参政员。

张申府有一个著名论断：中国的事情都是被“党”搞坏的，因为

“党”字就是“尚黑”（黨）。虽这么说，也退了党，但张申府还是帮过邓演达建第三党，帮助“三党三派”建立“统一建国同志会”，还先后加入民盟和农工民主党，一直没有与“党”脱离干系。1949 年，各派人士多往西柏坡见毛泽东，其中也有刘清扬。“她在那里等了好些天，没有被接见，于是跑去问邓颖超。邓大姐说，申府先生写的那篇文章，毛主席看了很不高兴，你要有所表示才行。于是刘清扬便与申府先生离了婚。”（据章伯钧夫人李健生的回忆）这里所说的文章，是张申府于1947 年发表在《观察》杂志上的《呼吁和平》一文。由于当时共方在战场上的形势一片大好，这篇文章被认为是起到“帮助敌人”的作用。文章是否帮助了敌人不说，赔了夫人是真的。

1949 年之后，在周恩来的安排下，张申府到了北京图书馆。虽然此后还有三十七年的人生，北京图书馆却是他职业上的最终归宿。事情当然远未完结，1957 年他成为右派，1960 年“摘帽”；“文革”中他成为“不戴帽”右派，1979 年平反。平反后则连续当了两届全国政协委员，1986 年去世。官方给与他的盖棺定论是“著名的爱国民主人士”和“中国共产党的老朋友”。其实在 1949 年，张申府除图书馆外，还可以选择去大学。是北京副市长张友渔认为学校易起风潮，图书馆相对安全，事实证明这一选择是对的。几乎可以说，是图书馆让张申府保全性命、得以善终。

纵观张申府一生，虽然他是个激进的左派人物，还是中共创始人之一，但在本质和性情上，他更多的是学者、是书生。像中共另一位领导人瞿秋白一样，他的政党活动，可能也是“历史的误会”。

（2009－3－13）

“插架缥缃”嘉业堂

在众多藏书楼当中，嘉业堂因有清宣统皇帝的御赐名号而知名。在众多藏书家中，嘉业堂主刘承幹因有“傻公子”名号而知名。嘉业堂主刘承幹（1882—1963）字翰怡，号贞一、求恕居士，晚年自称嘉业老人，浙江南浔人。民国著名藏书家、出版家。

南浔位于浙江北部，太湖南岸的湖州府，是著名的鱼米之乡，盛产以“湖丝”为名的蚕丝。刘承幹祖父刘镛经营缫丝业，富甲一方，是南浔“四象八牛七十二条黄金狗”中的四象之一。刘镛有四子，长子刘安澜，次子刘安江。刘安澜“好博涉，尤好本朝人著述”，可惜科举无成。而刘安江则为光绪戊戌年进士。刘承幹为刘安江之子，幼承家学，曾在光绪三十一年（1905）考取秀才。刘安澜二十九岁辞世，身后无嗣。虽有养子承平，但遵刘镛旨意，刘承幹兼祧二室，以长房长孙名份继承刘家千万资产。

1911 年辛亥革命，刘承幹为避战乱举家迁到上海。之前一年，他在金陵参加南洋劝业会时，曾“独徒步状元境各书肆，遍览群书，兼两（通‘辆’）载归，”不想“越日书贾携书来售者踵之，自是即有志藏书”。他到上海避难，书贾更是“踵门如市……凡书贾挟书往者，不愿令其失望，凡己所未备之书，不论新旧皆购置”。（刘承幹《嘉业藏书楼记》）据说他的有志藏书缘于两个具体目的，一为助生父刘安江编著《皇朝续文献通考》，二为继父刘安澜未竟之《国朝诗萃》书稿得以补辑完成。由于时局动荡，汇聚上海的各家藏珍籍多有散出。刘承幹出手阔绰，二十年间，以三十万两白银购得典籍六十万卷。他将收来之书先是放在上海住处的求恕斋，在书满为“患”之时，又斥银十二万两，历时四年，在家乡南浔建起了嘉业堂藏书楼。

湖州一带素有藏书传统，晚清四大藏书楼之一的皕宋楼即以宋元旧椠二百多种称雄当时藏界。刘承幹的嘉业堂建在位于南浔镇小莲庄鹧鸪溪畔的刘氏家祠旁，建筑两层，呈回字形，共五十二楹，内设“宋四史斋”、“诗萃斋”、“求恕斋”、“黎光阁”等单元结构。书楼四面环水，是一座典型的江南园林建筑。园内假山有“啸石”，原立于杭州西湖阮公墩，流转于此。

嘉业堂典籍均出自名门，其中有缪荃孙艺风堂、宁波卢青厓抱经楼、贵州独山莫氏影山草堂、丰顺丁氏持静斋、仁和朱氏结一庐和太仓缪蘅甫东仓书库等名家旧藏，还有宁波天一阁及清内阁大库散出之书。其数量之大品位之高，竟无匹者。刘承幹对此颇为自得，称“余亦幸适会其时，如众派之分流而总汇于兹楼，以偿夙愿。”并自认为“凡有海涵万象之势”。（刘承幹《嘉业藏书楼记》）学者周子美称嘉业堂为“中国近代史上私家藏书最多、花费精力、金钱最多的一个”，称刘承幹为“清代以来私人藏书家的巨擘”。据有关资料记载，在藏书楼全盛时期，有宋元刊本二百种，清刻本五千种，地方志一千二百余种，丛书二百二十种，抄本两千种，其它清人文集及史书一千二百余种，碑帖数千种。其中以宋刊前四史（《史记》《汉书》《后汉书》《三国志》）最为珍贵，为镇堂之宝。另有御题原本《永乐大典》四十三册和明嘉靖隆庆间抄缮副本四十四册，共八十七册的稀世国宝。还有从北京国史馆抄录的《清实录》与《清史列传》，翁覃溪手辑《四库全书》提要原稿，宋刻孤本《三字经》等等。

说嘉业堂名为“御赐”十分牵强，因为实在是“时过境迁”了。1914 年，以前清遗老自居的刘承幹为光绪帝陵捐款植树，此举受到年仅八岁的逊帝溥仪褒奖，特赐由状元陆润庠代书的“钦若嘉业”九龙金匾。刘承幹将“御赐”金匾奉为至宝，后来他在建藏书楼时就以“嘉业”二字为名。1917 年，刘承手抄《纶旅金鉴》七卷呈溥仪，又得到一块“抗心希古”匾，则后来嘉业堂楼二楼正厅便被命名为“希古楼”。

至于“傻公子”之名则大约是鲁迅“赐”的，因为鲁迅曾在致杨霁云信中这样称呼过刘承幹：“……前见其所刻书目，真是‘杂乱无章’，有用书亦不多，但有些书，则非傻公子如此公者，是不会刻的，所以他还不是毫无益处的人物。”在《病后杂谈》一文中，鲁迅对刘承幹还有过这样议论：“对于这种刻书家，我是很感激的，因为他传授给我许多知识——虽然从雅人看来，只是些庸俗不堪的知识。”

人的绰号应该都有来历，而“傻公子”的来历如何，未见有人详述。有人说他既以遗老自居却又搜罗清早期文字狱禁书刻印流传，确实有些莫名其妙。鲁迅口中的“傻公子”应该就是这层意思。再有他爱书如命，人称书痴，对书商送来的书几乎是来者不拒。在一般人看来，这也是可以用“傻”形容的。刘承幹富甲一方，官场上也颇有“门径”，但他却宁可花钱消灾而不求人。如当年黄金荣手下有人与刘承幹姨太勾搭，合谋以沿用前清年号为由将其状告。对此，刘承幹尽可以由族中权贵高官出面摆平，但他却俯首认罚，闹出一桩赔钱又赔夫人的“傻”事。

刘承幹不单藏书，他还刻书。所以如此，是因他眼见典籍遗散无常而刻意为之。他刻的书有《嘉业堂丛书》《求恕斋丛书》《影宋四史》《旧五代史注》等，还有曾被清廷列为禁书、“非傻公子如此公者是不会刻”的《安龙逸史》《翁山文补》《三垣笔记》等。

刘承幹刻书态度严谨，书刊印前，他都请相关学者校雠后再开印。嘉业堂所刊之书，以精美典雅著称。凡刻成之书，刘承幹皆有题跋。他先后投资二十余万元，刻印书一百三十余种。他印书不完全为营利出售，大多送与学人或捐与图书馆。北大校长蔡元培曾致函订购《嘉业堂丛书》《吴兴丛书》《求恕斋丛书》《嘉业堂金石丛书》等，称“先生所刻各种丛书，深有关于学术，市上不易购得，兹本院为参考起见，拟向尊处订购全份。”并向财长宋子文介绍，说刘承幹“平日校刊各种国学书籍，志在流通，凡国内外各公私图书馆函索，无不捐赠巨帙。”至于鲁迅文中讲到买书时的遭遇[①]，刘承幹之子刘䜣万说："迅翁太认真，以其大名，只要一封短简，先父必送无疑。亲自登门求购，反而遭到白眼，这也是一种'阎王好见，小鬼难缠'，无可奈何之事也。"

嘉业堂在动荡中诞生，它的命运必然多舛。先是在抗战期间，嘉业堂被日军占作军营，一些书籍如《湖州府志》等被掠。后日人又以购买名义，攫取《永乐大典》四十八册。而刘承幹迫于生计，也开始大量抛售典籍。所幸多为郑振铎的"文献保存同志会"收得（计明刊本一千二百种、稿钞本三十六种）。至于嘉业堂为何未遭到日军彻底破坏则有几种不同说法：其一，由于有伪满皇帝溥仪的"钦若嘉业"匾堂上高悬，日军人多少有所顾忌，据说还对匾额行致敬礼。其二，由于深知日本人对古籍有重版本、重全帙之习，刘承幹有意将各书中抽出一册另藏，以致各部书均有残缺而为日人不屑顾。其三，刘承幹曾与日本汉学家松崎鹤雄交往多年并有典籍相赠，而侵华派遣军司令松井是松崎鹤雄的亲戚。在松崎鹤雄嘱托之下，嘉业堂遂得保全。[②]

1949年渡江战役前夕，进军江浙的第三野战军第七兵团接到周恩来专电，明令对南浔嘉业堂和宁波天一阁加以保护。渡江后，在上海战役前夕，三野司令员陈毅还专程走访嘉业堂，并派一连战士驻防保护。而后在1949年9月末，刘承幹致函张元济，则"告以南中粮赋重重，以及嘉业堂为解放军部队占用，请先生向政府转述，恳请部队撤

---

① 见《且介亭杂文·病后杂谈》："……但是到嘉业堂去买书，可真难。我还记得，今年春天的一个下午，好容易在爱文义路找着了，两扇大铁门，叩了几下，门上开了一个小方洞，里面有中国门房，中国巡捕，白俄镖师各一位。巡捕问我来干什么的。我说买书。他说账房出去了，没有人管，明天再来罢。我告诉他我住得远，可能给我等一会呢？他说，不成！同时也堵住了那个小方洞。过了两天，我又去了，改作上午，以为此时账房也许不至于出去。但这回所得回答却更其绝望，巡捕曰：'书都没有了！卖完了！不卖了！'

我就没有第三次再去买，因为实在回复的斩钉截铁。现在所有的几种，是托朋友去辗转买来的，好像必须是熟人或走熟的书店，这才买得到。"

② 刘承幹《求恕斋日记》中自述："当日兵战时，曾为松崎鹤雄号柔甫，是王壬秋弟子，通中文，昔在大连曾与往还者，函致上海派遣军总司令松井（渠为妻舅）嘱为保护，由松井派牧次郎（杭嘉湖司令官）到南浔出示保护，并见今上御匾，行立鞠躬，颇客气。"（王壬秋即湘人王运。另，松崎鹤雄亦师从湘人叶德辉氏。）

出。”看来刘承幹并不欢迎驻防保护。受到嘱托的张元济真的约上周善培(孝怀,前清进士)诣毛泽东处。在他给刘承幹的回信中这样说:“……毛谓亦知民困甚深,只以大军麕集江浙两省,馕需孔亟,扰及闾阎,今军队陆续南下,可以减少数十万人,以后当可宽缓云云。至于南浔尊府藏书楼被军队占用,当与(上海市)韦悫副市长言之,据称此属浙省范围,非上海军管区力所能及,应向浙省政府陈请,鄙见事关文化,尽可据实陈明,请其发还,当不至于被拒。”(见《张元济年谱》)

接下来的一年情况如何未得其详,但军队应该是撤出了,而主管当局似乎采取了不利于嘉业堂的举措。张元济在1950年10月复刘承幹信中说:“嘉区专员于邺架[1]弃藏,可谓巧偷豪夺,当时未即向省署再四抵拒,至今木已成舟,及今补救殊非易易……”面对如此局面,刘承幹萌生步铁琴铜剑楼瞿氏之后尘、将藏书捐出之意。1951年,刘承幹致函浙江图书馆馆长张宗祥,将遗藏典籍一万二千四百二十一种、十一万三千九百七十八册、自刻书二万余册、雕版三万余片以及碑帖并连同各种设备悉数捐给了浙江图书馆,嘉业堂及周边空地也捐了。藏书曾达60万卷,全国收藏最多,保存最好的私家藏书楼就此谢幕。中国传统藏书楼就此谢幕。

刘承幹当然也卖了一些书,只是价格低如废纸,如清刊本包括乾隆以前善本两千零三十七种,每本0.35元;明刊本搭售假宋本《烈女传》《韩昌黎集》,每本五元;刘氏抄本《永乐大典》三十七册,每册四十元……其最大买家是上海复旦大学图书馆。

(2009-4-3)

① 邺架:韩愈《送诸葛觉往随州读书》诗:“邺侯家多书,插架三万轴。”邺侯即李泌。后人以“邺架”喻藏书处。

“学富一车”陈乃乾

最早用学富五车形容人读书多学问大的是庄子。在《庄子·杂篇·天下》篇中有这样的话:“惠施有方,其书五车。”惠施是战国时期的哲学家,有才学,是当时名家的代表人物。但五车书究竟有多少?其实并不很多。当时的书都是竹简或木简材质,换算成现在的书未必超过百本。如果同样以“车”为计量单位,那藏书家、版本目录学家陈乃乾虽然只有一车,但却是一节火车。

陈乃乾(1896—1971)名乾,字乃乾,浙江海宁人。其先祖陈鳣(仲鱼)为清乾嘉时代藏书家,藏书十万卷,多为宋元刻本和清代罕见之书,惜毁于太平天国之战乱。陈乃乾早年入苏州东吴大学。毕业后到上海,曾主持过南洋中学图书馆,还曾入藏书家徐乃昌的积学斋。期间他师从同乡书商费寅(景韩)学版本目录学。1917 年,陈乃乾进入古书流通处,除参与购销古旧书籍业务之外还编印了多种丛书。

古书流通处曾是上海当时规模最大的古书店。店主陈立炎原为六艺书局店主,胆识多有过人之处,轰动当时的天一阁偷书大案主谋就是他。他先是亲往宁波,向天一阁范氏商购阁书但遭到拒绝。于是他根据薛福成所编《天一阁见存书目》,将其中的名贵书目编成手册,注明卷数册数,交与盗贼薛继渭并授意前往盗取。1914 年 3 月,薛继渭来到宁波,“挟书目枣实”潜入天一阁。他昼伏夜作,秉烛按目索书,饥则仅以枣为食,竟达半月,共窃得善本一千余种。随后薛继渭把书从水路运至上海,卖与陈立炎等人。而天一阁范氏竟对此一无所知,直到缪荃孙致函询问究竟才登阁查验。只见阁上一派狼藉,大批善本图书丢失。当然范氏也非等闲之辈,经过斟酌,设“计”在上海报章登出消息,但云被窃阁书无关紧要,唯两件先祖小像手卷多历代名人题识,愿以万金赎回,其余概不追究。薛继渭利令智昏,竟携卷前往交易，当即为官方捕获。但最后仅薛继渭被判刑九年，书则一本都未能索回。经此浩劫，天一阁藏书量锐减，据说从七万卷减至一万三千卷。陈立炎虽涉讼，但交罚金了事。后陈立炎为收抱经楼藏书而再至宁波，被范氏以旧案告到当地官府将其拘捕，还是经上海书业公会同人联名电请保释之后才被释放，卢氏抱经楼的藏书也被陈立炎以五万元全部收购。抱经楼为清乾隆年间人士卢址所建，卢址字青厓，学者钱大昕在《抱经楼记》中称其："博学嗜古，尤好藏书……搜罗三十年，得书数万卷。"特别是他与相邻之天一阁一逞高下，从北京购得《古今图书集成》底稿一事为"甬人引为艺林佳话"（见《鄞县志》）。抱经楼藏书到手，陈立炎随即建立古书流通处以倒卖和翻印古书。业务上，版本鉴定多赖陈乃乾之学识，选题、定稿、校勘之类也由陈乃乾担当。

古书流通处最初设在上海汉口路惠福里弄口，后迁山东路仁济医院隔壁，再迁广西路小花园。除收天一阁、抱经楼藏书之外，古书流通处收购的古书中还有缪荃孙"艺风堂"藏书大部。古书流通处影印翻印的古书多为大部头作品，如《章氏丛书》《知不足斋丛书》《崔东壁遗书》《楝亭十二种》《南宋六十家小集》《百一庐金石丛书》《历代钟鼎彝器款识》《九宫大成南北词曲宫谱》等，这些书涉及范围广，除文学、诗词之外，还包括金石、钟鼎彝器、音乐古曲，其中《九宫大成南北词曲宫谱》原为清乾隆年间奉旨编纂的一部戏曲音乐曲谱集，共收集唐代以来南北戏曲曲牌两千零九十四个，曲谱四千四百六十六首，是中国戏曲音乐史上经典性的鸿篇巨制。

在古书买卖之中，据说古书流通处有造假行为，这是李致忠先生在其《古籍版本知识 500 问》中揭露的。书中说："上海曾有过一个古书流通处。这个古书流通处常年雇佣 3 名抄书人，每天以旧绵纸、桃花纸等传抄各书，而后钤盖伪刻之抱经楼藏书印，冒充抱经楼抄本。他们还影印过汲古阁毛氏抄本《宋人小集》，书后另附 8 种所谓知不足斋抄本。其实就是古书流通处所聘抄书人从读画斋刻本传抄之赝本。然而他们这种以真带假的方法却蒙蔽了不少人。"李致忠的这种说法不知确否，但想到陈立炎在天一阁一案中的作为，让这种"造假说"有很高的可信度。至于陈乃乾是否参与其间就更不得而知了。

古书流通处存世九年。1929 年,年迈多病的陈立炎将古书流通处全部存书卖与了中国书店。中国书店为金诵清所开办,地点位于西藏路大庆里口。金诵清名芬,浙江秀水人,好金石文字。他将中国书店委托给陈乃乾主持,与古书流通处从事相同业务,编印了《清代学术丛书》《经典集林》《周秦诸子斠注十种》《重订曲苑》等古书,成为当时中国最有影响的古书店之一。惜于 1937 年抗战前夕歇业。依照陈乃乾的有关介绍,从 1916 年起,他还先后担任过上海进步书店编辑,大东书局编辑、发行所长,任持志学院、国民大学教授,任开明书店编辑。抗战胜利后,还担任过上海市通志馆及文献委员会编纂。期间辑印《清名家词》《元人小令集》,辑印海宁乡邦文献《观堂遗墨》《海宁三家词》等。参与编辑出版《二十五史》《二十五史补编》等大型典籍。还值得一提的,是陈乃乾在 1921 年编辑、由古书流通处出版的《曲苑》,被胡适列在《一个最低限度的国学书目》一书之中。

陈乃乾还有一事值得一提,那就是他曾在郑振铎成功收回《脉望馆钞校本古今杂剧》过程中起到重要作用。1929 年,郑振铎从丁初我文章中推测有一部六十四册古今杂剧存世,并为此而耿耿于怀。1938 年,是陈乃乾告知郑振铎,在苏州有三十二册元杂剧出现,而这正是郑振铎苦思八年的那部书的半部。后来的经过非常复杂,我在写《"孤岛"得书记》一文过程中也未能尽得其详,关于陈乃乾在购书最后阶段的作用,也仅以一句"又经陈乃乾从中'作伐'"而一笔带过。《脉望馆钞校本古今杂剧》的珍贵是众所公认的,郑振铎本人将其与安阳甲骨文、敦煌千佛洞抄本的发现相提并论。

陈乃乾是中国出版界的重要人物,他于 1943 年写了《上海书林梦忆录》一文,刊登于当年的《古今》杂志。此文涉及古书流通处、六艺书局、富晋书社、中国书店等情况,是后人了解沪上书林掌故、研究上海出版史的重要资料。

1949 年以后,陈乃乾担任了上海市社会文化事业管理处编纂。后被调往北京古籍出版社任编辑,后又任中华书局编辑。在此期间,他策划影印了《永乐大典》，编著了《四库全书总目提要索引》《室名索引》《别号索引》《清代碑传文通检》《浏阳谭先生年谱》《徐闇公先生年谱》《上海地方志综录》《测海楼善本书目》《禁书总目》等，颇为学界推重，视为研究古籍的重要工具书。

当陈乃乾 1956 年调往北京时，曾包一节车皮运送自己全部藏书。十年后的“文革”，他被遣送回浙江天台女儿家，1971 年凄凉辞世。

（2009－4－12）

梁诚与美国庚款退款

海约翰

1900 年,以美、英、法、德、俄、日等国为首的八国联军打败清廷,并于 1901 年与清廷签订了《辛丑条约》。条约规定,清朝政府向的西方十四国(其中包括未参战但在义和团运动中遭受损失的几个欧洲国家)支付战争赔款白银四亿五千万两。由于战争爆发的 1900 年为中国庚子年,因此此项赔款被称作庚子赔款。赔款数额带有强烈的侮辱性,即以当时中国人口数量计,每人赔付一两。按约定,赔款分 39 年还清,年息 4%,本息合计为九亿八千二百二十三万八千一百五十两。

按照列强各国议定数额,美国得到全部赔款的 7.32%,折合 24 440 778.81美元,本息共计则为53 551 551.15美元。

老罗斯福像

1905 年,清廷驻美公使梁诚得知美国在庚款问题上有所松动,抓住机会向美方提出降低赔款数额的要求。美当局也承认原索赔额度虚高,认为"除确实费用及一切损失赔偿 1165 万美金,所余 1200 余万元,实为浮数,受之有惭愧,应以之退还中国"。1906 年,又有美国传教士明恩溥向西奥多·罗斯福总统建议,用庚子赔款在中国兴办教育,资助留学。这样,1908 年,罗斯福总统即向国会提出议案,将赔款由原来的 24440778.81 美元减为 10785286.12 美元,减掉大约一半。这便是美国的第一批退款。按照美国政府与清廷的约定,这笔退款主要用于中国向美国派遣留学生的费用。而现在的清华大学前身即为美国庚款退款所建留美预备学校之清华学堂。

第一次庚款退还之后的十余年,美方又有将庚款全部退还之意。得知此情,中国社会活动家余日章在1923年提议,希望美国把第二批庚款的一部分用于推进中国图书馆事业。当时正在武昌创办"文华公书林"和文华大学图书科的美国人韦棣华女士积极响应,她为余日章的提议拟定请求书,并征集到中国一百五十多位知名人士的签名。韦棣华回到美国,在华盛顿奔走半年多时间,先后拜谒了总统柯立芝、美国国会的八十二位参议员和四百二十位众议员,并力邀美国图书馆协会主席鲍士伟博士来华考察中国图书馆事业,以促进美国将庚款用于中国图书馆事业想法的实现。在韦棣华等人的努力之下,1924年,美参众两院通过《续退庚款案》并获总统批准,同意将总数6137522美元的庚款余额全部退还中国,并决定由中美双方组成中华教育文化基金董事会,负责监督庚款的分配和使用。董事会还针对武汉文华大学做出每年补助万元的专门决定,以表彰韦棣华女士所做贡献。

明恩溥作品中译本(书影图)

这样,在韦棣华、余日章等人的积极争取下,美国第二次的庚款退款,有相当大的比例用于了中国图书馆事业。除资助文华大学开办图书馆学专业教育之外,更重要的事项有:创办北京北海图书馆;建国立北平图书馆馆舍；建清华学堂图书馆；建北京大学图书馆松公府新馆；建科学社明复图书馆等。我曾拟过一篇论文稿，题目为《美国庚款退款与中国图书馆馆舍建筑之彻变》，就是想在庚款与中国图书馆事业发展的关联上做一点探讨，这是个很有意思的题目。

在促成庚款退还进程中发挥作用的人物有很多，其中关于韦棣华女士我已有专文，本文只想讲讲清廷驻美公使梁诚。

梁诚像

梁诚（1864—1917）原名丕旭，字义哀，号震东，广州黄埔村人。12 岁时，梁诚考取了第四批留美幼童团赴美留学，就读于安多夫佛（Andover）菲利普斯学院。该校虽称学院，实为高中，但却是美国最顶尖的私立高中。梁诚在校学习六年，毕业后因被统一召回，未能再进美国大学深造。梁诚回国后，先是在总理衙门任职，后任清廷驻美使馆参赞。1903 年起升任驻美公使。

1903 年初春，梁诚率员赴美就职。他当时并不知道，一次中美之间重大的外交事件就此拉开序幕。

有文献表明，早在《辛丑条约》签订之前，美国政府已做出降低赔款要求的暗示。在条约签订之后，美国又提出降低赔款额度的倡议，由于得不到其他签约国响应，未能实现。1902 年，《纽约时报》刊登文章，称国务卿海约翰（John Milton Hay）正考虑如何向中国退还多索庚款。1904 年，由于银价下跌，列强各国包括美国想让中国以金抵银，这将使中国赔款负担更加沉重。梁诚就此与国务卿海约翰进行交涉。交涉间，梁诚敏锐地察觉到美方自觉赔款额过高，且有减免之意。于是梁诚机锋骤转，以相逼过甚恐引发中国民众更强排外情绪等说辞，提请美方退还部分庚款。海约翰对梁诚所言颇为赞同，口允“自当极力代谋。”交涉归来，梁诚立即电秉朝廷，欲“乘其一隙之明，籍归已失之利”，即时将外交工作重点从坚持以银赔款转向谋求退款。1905 年，在他给朝廷信中说：“自海约翰代陈鄙意，倡议减收，又经诚运动劝说，近来上流议论已觉幡然改变，即固执如户部大臣疏氏者，亦不复显然相拒。观其机兆,似可图成。美使柔克义于此举尚表同情。”(这里所言户部大臣疏氏应为美国财政部长 Leslie Show)

海约翰是美国政界力主退款的重要人物,他曾对梁诚许下诺言:“此事倘议论不生阻力,必于贵大臣任内办妥。”可惜海约翰不久即辞世,未能将诺言亲自兑现。还好,新任国务卿罗脱(E. Root)以及内务部长格斐路(J. R. Garfield)、工商部长脱老士(O. S. Straus)、美国驻中国大使柔克义(W. Rockhill)亦积极主张退款。柔克义在给罗斯福总统的信中说:“在过去的几年里,海约翰经常与我说起此事,每次他都表达这样的意见,我们必须找到某种方式履行公正。但退款的事情在国务院中并没有任何文字记录,只是在海约翰和我之间一再讨论,因此,提请您关心此事是我的责任,也是对海约翰的纪念,相信以您的智慧,您能够决定以某种方式完成这一愿望。”

事情当然并不简单。在梁诚与美方交涉期间,中国发生了粤汉铁路收回路权事件(此事亦由梁诚负责交涉并获成功)、广东杀死五名美国传教士事件,美国也发生排华事件以及由此引发中国抵制美货运动。这些都对退款交涉产生不利影响。另外,退款用途也是美方关注的重要关键。对此,梁诚首先以“减免之项如何用法,则是我国内政,不能预为宣告”为辞申明主权立场,但由于确知美方希望庚款用于派遣中国学生留美,便顺势而为,也全力主张庚款专用留美,以免“因疑生阻”。他在给国内的信中说:“似宜声告美国政府,请将此项赔款归回,以为广设学堂派遣游学之用,在美廷既喜得归款之义声,又乐观育才之盛举……即使如数归还民间,未必获益,与其徒资中饱,起交涉之责言,何如移应要需,定树人之至计耶!”信中“徒资中饱”一词,令人感慨。

1905 年 9 月,罗斯福总统会见梁诚,表示退款一事待议院开会时即行讨论。同时表示,虽海约翰已去世,他则“自当勉竟其志”。梁诚受到鼓舞,便更加积极“运动议绅、报馆发论赞成,以期决可”。

在此期间,美国的热心中国教育人士以及教会人士也纷纷向总统进言,力促退款留学计划。这些人中,有美国伊利诺斯大学校长詹姆斯，有美国公理会传教士明恩溥等。明恩溥是一位与中国有着密切关系的传教士，他对庚款助学的促成起到过非常重要的作用。记得二十多年前，我曾在中国书店以接近废纸的极低价格买过他有关中国的四本书，其中包括《中国人的素质》，可惜买的书往往不急着看，所以至今这四本书还不知藏在我的哪只纸箱子里——题外话。至于美国政府以及民间人士之所以热衷于以庚款助学，在伊利诺斯大学校长詹姆斯呈给罗斯福的《关于派遣教育考察团去中国的备忘录》中说得明白："哪一个国家能够做到教育这一代中国青年，哪一个国家就能由于这方面所付出的努力，而在精神和商业的影响上取回最大的收获……为了扩展精神上的影响而花些钱，即使从物质意义上说，也能够比用别的方法获得更多。商业追随精神上的支配，比追随军旗更为可靠。"

1907 年 4 月，在梁诚即将离任回国之际，罗斯福约见梁诚，表示"欲于贵大臣回国之前，宣布此事，以践前诺"。赶在梁诚回国之前，6 月 15 日，国务卿罗脱特意正式致函清廷，宣布美国总统将在下次国会开会期间要求授权修改与中国签订的有关赔款协议，豁免和取消部分庚款。7 月 3 日，在核清退款并得悉"国会核议，必不拒驳"之后，在"美国各埠著名报纸，异口同声，极力赞助"声中，梁诚启程回国，结束了他的这次外交使命。

美国庚款退款直接的后果就是庚款留学以及清华学堂的诞生。由于美国的带动作用，其他各列强国也相继将庚款以类似方式退还给了中国。梁诚的行迹给"弱国无外交"一说提供了相反事例，其折冲樽俎之功，自当推重。虽然第二批庚款退款时梁诚早已辞世，但追根溯源时还会想到梁诚。而正是这第二批庚款退款引发了中国图书馆事业发展之"彻变"。

（2010－2－25）

寻访文澜阁

2009 年 2 月，我一家三口到杭州，去看张艺谋的《西湖印象》。演出是晚上，于是白天一整天都可以“逛”。西湖到处都是景，到处都值得去看。但在我心中，最想去看的是文澜阁。我曾在《居无定所的〈四库全书〉》和《浙江“双丁”与“八千卷楼”》等几篇文章中“写到过”文澜阁，可惜我却没真“到过”文澜阁，但愿此次短暂行程能一了心愿。

大修中的文澜阁

那一天下雨，对外地游客来说，雨中西湖更有一种难得的美。我们住在柳浪闻莺附近，清晨起身，沿湖向北至白沙路和北山路，过断桥，到孤山路。孤山路是西湖美景的集中所在，可惜时间有限，只是照相前行，来不及停下品味。一路打听，很快到达文澜阁的大致所在，但仍然没有找到。经当地人指点，原来一座并不起眼的小门便是。

门是漆成红色的对开铁皮门，不是很大，门楣上有篆字体写的“西湖博物馆”五字。门是虚掩着的，我轻轻推开便得以侧身而入。一进门是个带回廊的小院，到处堆满了砖瓦水泥，还有脚手架——原来正在大修。那天是星期天，没有开工也没见人，正好我可以往里走。几步台阶上便是一座穿堂，从穿堂一眼望过去便是文澜阁！

文澜阁也是架满脚手架，顶子上的瓦都被拆了下来，门窗也拆下不少。阁的整体并不很大，远没有想象中的堂皇与气派。阁前有个泳池般大小的长方形水池，池中矗立着一块形状古怪的太湖石，池中有水，水面长满浮萍。终于见到文澜阁，特别是又像作贼一样地偷窥，我心里还是非常紧张和激动，连忙照相，生怕出来人撵我就照不成了。

果然出来一位女子，像是工程队负责看门的，她说这里不让参观。我说照两张相就走。她脸色和口气中透出为难，说上面知道会说她的。她的这种态度其实远比气势汹汹更有力量，我便乖乖地出来，绕到西南面的白墙外又照了几张，作罢。

《四库全书》一共七部，北方四部南方三部，文澜阁本《四库全书》是南三阁本中唯一保存下来的一部。文澜阁本饱经磨难，真正的原本也就剩下不到四分之一，是一部经后来多人补抄才凑齐的“百衲本”。这部书的情形我曾写到过一些，下面主要说说它在抗战期间的遭遇。

抗战爆发后，浙江省图书馆馆长陈训慈立即作出图书外迁的决定。陈训慈(1901－1991)字叔谅，浙江慈溪官桥村人，是陈布雷的胞弟。他从1932年起担任浙江省立图书馆馆长。1937年8月，他一面动员全馆人员赶制木箱，一面积极筹措运费。他与浙大校长竺可桢共同向教育部争取支援，并商妥搭载浙大迁校的卡车分批将馆藏图书运出，终于赶在杭州沦陷之前完成搬运工作。运出的所有馆藏图书中，最重要的当然就是这部文澜阁本《四库全书》。

阁书先是辗转运到浙西南的龙泉县，但龙泉并非久留之地，还是要去西南大后方的。但就在从蒲城至江山县的路上，有一车书约3000册翻到江山溪水之中。抢救出来的书运到江山县城隍庙，经过简单晾晒便又急忙赶路。由于有日寇飞机的频频轰炸，只能是在赶路的间歇中尽量地通风晾晒，以防霉变。

经过四个多月的艰辛旅程，阁书终于抵达贵阳，暂存在贵阳西郊的张家祠堂。当即便开始曝晾落水之书，所幸无大损。1938 年 9 月，日寇首次轰炸贵阳。1939 年 2 月，阁书迁至贵阳城北八里地母洞。此洞人烟罕至，相对安全。但气候颇潮，每年春秋必须各晾晒一次，如是者六年，终保阁书无恙。①

1944 年 11 月，黔境告急。重庆政府特令阁书紧急迁渝。贵阳军方出动六部卡车运送阁书。12 月，抵达重庆青木关。随即文澜阁《四库全书》保管委员会在重庆成立，张宗祥、竺可桢、陈训慈等人为委员。

1945 年 8 月日寇投降。1946 年 5 月 15 日，在教育部科长徐伯璞、浙省图书馆夏定域等 8 人及警察 12 人的押运护送之下，阁书取道川南入黔，经湘赣入浙，7 月 5 日安抵杭州，重归西湖孤山文澜阁。

在回迁过程中，教育部科长徐伯璞起到十分关键的作用。徐伯璞（1901—2003）山东肥城人，早年留学日本，曾任山东省督学、教育部国民教育科长、代理司务等职。1949 年以后任江苏省文史馆馆员。当年文澜阁本《四库全书》的回迁工作正在徐伯璞职责之内。由于运力和资金非常紧张，徐伯璞以全家性命担保，雇用五辆返乡的私人汽车运送阁书。徐全家老小七人一同上路，大有与阁书共存亡之气概。而途中困苦，一言难尽。据一当事者记述："在衡阳遇匪，警士开枪百余发匪始逸，在邵阳候渡二日夜；在安仁遇一小河，卸书渡河费时一日；在江西永新，余车左轮陷入水池，几倾覆；在银坑宿露天茶棚；在上饶遇罕有大水，公路桥梁冲毁，停留十余日；在兰溪过渡，卸书，烈日熏灼一日，皮肤若焦炭，凡此皆为令人永远难忘之遭遇。"

到达浙江江山时（又是江山县！），连日颠簸劳顿让徐夫人蔡铭竹女士病倒，昏迷不省人事。幸遇过路的一位从滇缅前线撤回的军官是徐伯璞当年学生。他请来军医治好了徐夫人。而徐伯璞竟记不起这

---

① 阁书运抵贵阳后，陈训慈向张宗祥求字，张赋诗一首：

辛苦南征道路长，寿松秘籍在行囊。
护书心血债全愿，历劫漂湘发奇香。
天一丛残怀甬上，文澜安稳到黔阳。
八千卷已归何处，老友飘零泪数行。

位学生的姓名。就要到达杭州时,一位车主忽然发难,说包银用完,无钱加油亦无钱吃饭,停下车子不走了。徐伯璞明知是故意刁难但也无奈,不得不将徐夫人手上的戒指摘下送给车主。同样为人,品位高下,不啻天壤!

抗战胜利后,国民政府曾打算将文澜阁本《四库全书》划归南京中央图书馆。对此,浙籍人士以张宗祥为首坚决反对。其理由之一就是:当年补抄之时用的全是浙江省籍人士的捐款。当时的中央图书馆馆长蒋复璁也是浙籍,自然也乐观阁书还乡。

1994 年,浙大历史系教授毛昭晰在日本京都读到日本学者松木刚的《掠夺了的文化——战争和图书》一书,才知杭州沦陷后不久,日本"占领地区图书文献接收委员会"于 1938 年 2 月 22 日派了 9 个人从上海赶到杭州,花了好多时间寻找文澜阁《四库全书》。毛昭晰说,"他们想把这部珍贵的图书劫夺到日本去,但他们的好梦落空了。"其时,距阁书撤出杭州不过两月。

文澜阁本《四库全书》,先是有丁丙、丁申兄弟的冒死抢救,又有张宗祥、钱恂等人的辛劳补抄,又有陈训慈、徐伯璞等人的艰难护送,一部书,能有这样的坎坷经历,恐怕世上仅有。而所谓人称"前丁后陈,永垂不朽"者,过于概括,不知漏掉多少有功之人。

我在《居无定所的〈四库全书〉》一文中曾感慨,仅存的三部半于今竟没有一部藏于原阁。相比之下,文澜阁本却是离原阁最近的。它现藏于浙江图书馆古籍部,距文澜阁一步之遥。虽为古籍部,建筑却是西洋式的,一共三座。其中红楼原为接待德皇太子而建,上世纪二十年代因文澜阁潮湿不堪,阁书曾转藏于此。还有一座被称作"杨虎大楼"的,系原国民党上海警备司令杨虎的私人别墅,现在则为浙图古籍珍本库,文澜阁书即藏于此。还是因为星期天,古籍馆不开放。我自以为白楼便是德皇太子宫,照了不少相。后来从门卫值班人那里得知,阁书所藏的杨虎大楼在后面,从外面是看不见的。又作罢。

(2010 - 3 - 8)

“劣绅”叶德辉

我是1964年上的高中,那时社会上已经开始非常强调人的出身。记得班上有两位女生出身十分恐怖,一个是“地主”,一个是“历史反革命”。那位出身地主的同学身材高挑容貌尚可,是从清华附中过来的。据她初中同学说,她原来是班上的活跃分子,就是在传达了什么“四清”文件之后,便一下子蔫了。

后来我去农村插队,那里“出身”更要命,地富本人以及不管其下多少代的子孙,工分最高8分(满分10分),每年还要上缴大队几百分的义务工,另外有个什么运动还要弄出来“七斗八斗”。我所在的小队有兄弟俩,五十岁上下,他们的成分都是地主。我心目中,地主应该好吃懒做,但兄弟俩却是远近闻名的庄稼把式。哥哥老四个子高高腰板挺直,他扶耧一绝,播的麦子疏密恰到好处,麦垅一眼望去像尺子画的一般齐。每到种麦时节,十里八乡的都来请他,我想那是他忘掉自己地主成份的美好时光。弟弟老六也很能干,我用铁锨的动作就是他手把手教的,省力而高效。即便如此,我依然固执地认为,我们队里的地主是特例。

我的地主概念来源于黄世仁和收租院,来源于《湖南农民运动考察报告》。《湖南农民运动考察报告》是《毛泽东选集》第二篇,文章读过,你会对一些断言留下深刻印象,比如“矫枉必须过正”,比如“革命不是请客吃饭”,比如“有土必豪、无绅不劣”。而对于“土豪劣绅”,农民运动就是要把他们“打在地下,甚至用脚踏上”,游街、戴高帽、抄家,甚至杀头。

在被杀头的劣绅中,就有人称“湖南大儒”的叶德辉。

叶德辉(1864—1927)字奂彬,号直山,别号郎园,湖南湘潭人。光绪十八年(1892)进士,与蔡元培、张元济等同科。叶德辉曾任吏部主事，上任不到一年便辞官回家。他祖上原为江苏吴江望族，道光年间避乱迁湘。叶家几代藏书，至叶德辉时更是经他的多方收罗达到湖南藏书第一家的地步。叶氏藏书楼名观古堂，虽自命“观古”但他在藏书上并不追风佞宋，仅以咸丰二年桂馥所刻的《说文解字义证》为自己的镇堂之宝。他在所著《书林清话》中对时人藏书“薄今爱古”不以为然，他这么说，也这么做。当然选《说文解字》的另一层意思是他素仰其作者——汉代学人许慎，别号郎园即因许慎为汝南郎人之故。

观古堂藏书除家中旧藏之外，还有叶德辉于光绪十二年入京会试时在琉璃厂、隆福寺书肆所访之书。后逢湘潭藏书家袁芳瑛卧雪庐书散出，精品虽多为大藏书家李盛铎所得，叶德辉收拾残余亦有所获。再后又在北京购得商丘宋氏纬萧草堂和曲阜孔氏红榈书屋旧藏二十箱。另外，平时乡居、出游亦随时留心收罗。至辛亥年，观古堂藏书已达四千余部、二十万卷，以后又有续藏。叶德辉之子叶启倬在《观古堂藏书目录跋》中曾描述说：“家君每岁归来，必有新刻旧本书多橱，充斥廊庑间，检之弥月不能罄，生平好书之癖，虽流颠沛固不易其常度也。”当时曾有“南叶北傅”一说，将叶德辉与大藏书家傅增湘并称，足见其藏书为人推重。

叶德辉是藏书家也是学问家，他在经学、小学和版本目录学上多有著述，有《书林清话》《书林余话》《六书古微》《汉书补注》《庄子集解》《观古堂书目》《郎园读书志》等著作传世。叶德辉还是刻书家，先后刻印了《观古堂汇刻书》《观古堂所刊书》《丽楼丛书》《双梅景闇丛书》《观古堂书目丛刻》等，他还将家藏宋版《南岳总胜集》影摹刊行，刻印之精达乱真地步。

叶德辉活了六十三岁，他的后半生恰是中国历史的最跌宕阶段。戊戌变法、八国联军、辛亥革命、袁世凯称帝、五四运动、北伐战争……在这许多重大事件中，叶德辉并未因自己的退隐而置身度外，他态度是明朗的，观点是鲜明的。他反对康梁，竟惹得梁启超欲请光绪降旨杀他；他反对辛亥革命，对同乡黄兴更是极尽詈骂能事；他留恋帝制，甚至对袁世凯称帝亦全力拥护。当然，他最反对的应该是农民运动，他也为此搭进了性命。

大约从1923年起，湖南即在中国共产党领导下开始了农民运动。这一运动以农会为组织，以“一切权利归农会”为口号，以武力夺取基层政权为目的，以打土豪、分田地为形式，史称起到积极配合北伐战争的作用。叶德辉的身份、地位和政治态度使他必然要成为农民运动的“革命”对象。1927年的4月11日，他在长沙被湖南省审判土豪劣绅特别法庭依据《湖南审判土豪劣绅特别法庭组织条例》及《湖南省审判土豪劣绅暂行条例》判处死刑并被立即执行。

关于叶德辉的死因有各种不同说法。按照叶德辉案的审判委员之一、湖南省农民协会委员长、中共湖南区执行委员会委员易礼容的说法：“一般土豪劣绅，他的地位，简直是从农协成立之日起，就宣布了死刑！”这是一种笼统说法，并不专指叶德辉的。

周作人另有一说。他在《饭后随笔·叶德辉案》一文中写到：“据说这事经过还在民国四年(1915)，袁世凯预备做皇帝，各地官绅群起劝进，叶德辉忽发奇想，在民间征了五十名十五六岁的少女，说要训练了送到洪宪宫中去当女官，他在地方上很有势力，老百姓哪敢违抗。不久帝制被迫取消，女官已用不着了，可是叶德辉自己‘先都用过了’……事隔十年，人民革命在两湖开始，那些女人有的已成了干部，便向农会申诉这事，其时农会是有武力的，便把他捉了起来，由党部主持公同审理……”据说叶德辉在审讯的最后还说过“杀一儆百可也！“的话，很有些凛然意味。周的这一说法太过戏剧性。

流传最广的，是说祸起一副对联。据说叶德辉曾给农会写了一副对联：

农运宏开　稻粱菽　麦黍稷　尽皆杂种，
会场广大　马牛羊　鸡犬豕　都是畜生。

横批：

斌尖卡傀

对联骂农会是杂种、畜生，斥农会不文不武，不小不大，不上不下，不人不鬼。这其实不过文字游戏而已，但游戏玩得太大，把自己的命也玩了进去。

关于叶德辉之死，流传还有柳直荀密令抄家说、怒骂郭亮说、群殴致死说、六枪毙命说……历史"小姑娘"，不知有多少套装供你打扮。

说叶德辉为"劣绅"其实并不为过。早在1910年湖南水灾，他就因屯积谷物十万石激起长沙抢米风潮，被清廷革去功名。他的死，虽在学问上有所可惜，但学问似乎从来不能当饭。在"不是请客吃饭"的呼啸声中，杀人已成家常便饭，"劣绅"叶德辉之死又何足道哉？只是由此引发的"蝴蝶效应"却有些意外——远在北京的王国维自杀了。

在中国文化史上，王国维之死是一段不解公案。与王国维甚为相知的梁启超认为，王的自沉与叶的被杀竟是一脉相承。他曾在给女儿梁令娴的信中说："他（王国维）平日对时局的悲观，本极深刻。最近的刺激，则由两湖学者叶德辉、王葆心之被枪毙。叶平日为人本不自爱，学问却甚好，也还可说是有自取之道。王葆心是七十岁的老先生，在乡里德望甚重，只因通信有'此间是地狱'一语，被暴徒拽出极端箠辱，卒致之死地。静公深痛之，故效屈子沉渊，一瞑不复视。"（见《梁启超年谱长编》）

叶德辉是藏书家、版本目录学家，他的宅院还曾一度辟为图书馆。① 他的一些藏书还曾入藏湖南省教育会图书馆，不过不久便毁于1930年红军攻打长沙一役。还有一事让他与图书馆史相关联：他的一位日本弟子、曾任职满铁大连图书馆的松崎鹤雄，其人在日军侵华时曾对湖州刘承幹的"嘉业堂"藏书起到保护作用。我在《"插架缥缃"嘉业堂》一文中曾有所叙述。可惜叶氏观古堂藏书最终流入日本，有人将其命运与"皕宋楼"并论。

叶德辉好书与好色齐名，"买书如买妾"、"老婆不借书不借"是他的名言。他还在书中夹藏春宫画，用来防火。他的解释是：火神是女性，看了春宫画会害羞，便不来光顾。其实传说中的火神祝融并非女

① 据杨度之弟杨钧言："（叶）身死之后，以其宅为图书馆，后发还，然所损失，则无人理会。"

性，只是《三国演义》中有个女性祝融夫人，她是孟获的妻子，说是祝融的后代。祝融是南岳衡山之神，衡山就在湖南。叶氏又家藏宋版《南岳总胜集》，想必他的说法自有来历。[①]

（2010－3－29）

① 民国报人喻血轮的《绮情楼杂记》中对叶德辉的春宫防火有如下记载："在其收藏图书中，凡认为稀世珍品者，往往夹入春宫画片一二张，人问其哉，德辉谓：'此种画片可防火灾，吾家别无财产，视书籍为生命，故不能不以有效方法，驱逐火神。'人问火神何畏春画？德辉谓：'火神原为一贵小姐，其侍婢达卅六人之多。后被玉皇大帝降为灶下婢，其神力与灶神相等。平时好着黄色服装，怒时则穿红衣，但因其出身闺阁，即在怒发之际，一见猥亵画片，亦不能不远而避之。'按春宫避火，各地皆有此传说，但无人能知其故，德辉此种解释，是出自臆造？抑有所本？殊不可知。"

数学家与图书馆

当初设计这个题材时，想的是三个人：华罗庚、陈景润、莱布尼茨。但后来做了个“排列组合”，将莱布尼茨与歌德合成一篇《超重量级馆长》，这样，现在这篇就只写华罗庚与陈景润了。

华罗庚全家合影

说到中国的数学家，知名度最高的莫过华罗庚与陈景润。华罗庚与陈景润竟然都在图书馆做过图书管理员，这是挺有意思的事。

华罗庚（1910—1985），1910 年出生于江苏金坛县，父亲以开杂货铺为生。华罗庚幼时爱动脑筋，因思考问题过于专心被同伴们戏称为“罗呆子（Booker）”。进入金坛县立初中后，他的数学才能被老师王维克发现，并尽心加以培养。初中毕业，华罗庚考入上海中华职业学校，后因付不起学费而中途退学，故其一生只有初中文凭。

数学家华罗庚、陈景润、杨乐、张广厚

退学之后，他开始是在帮助父亲照看店

铺,后来王维克老师帮他找了一份在金坛中学做会计兼杂务的工作。他从退学之日起便开始自学,他学得非常刻苦,每天长达十个小时以上。他用了五年时间学完高中和大学的基础数学课程。18岁时他染上伤寒,虽然捡得性命,却落下左腿残疾。20岁,他的一篇论文《苏家驹之代数的五次方程式解法不能成立的理由》以“金坛人”的笔名发表在上海《科学》杂志上,论文引起当时中国数学界的注意。清华大学数学系主任熊庆来对论文十分赞赏,向人打听这个“金坛人”是谁?恰好一位唐姓的清华教员是金坛县人,他知道华罗庚,便把华罗庚的身世向熊庆来做了介绍。熊庆来没想到华罗庚如此年轻,又是在如此艰苦的条件下取得如此成就。他爱才心切,当即决定把华罗庚招到清华工作。这样,年仅20岁、只有初中文凭的华罗庚来到清华大学,边工作边学习。他用一年半时间学完了数学系的全部课程,自学了英、法、德等国外语,还在国外杂志上发表了三篇论文。后被清华大学破格录用为助教。

华罗庚在清华的工作是在数学系图书室做助理员。这项工作不但解决了他的生计,还可以让他旁听数学系的课程,更可以让他能够自由出入清华大学图书馆。由于有超强的自学能力,图书馆让华罗庚有了如鱼得水般的感觉。他一头扎了进去,系统地攻读馆藏丰富的数学典籍。这一时期,华罗庚除了工作,不是去听课,就是去图书馆,像在家乡那样,还是每天学习十小时以上。1936年,当华罗庚以访问学者身份到英国剑桥大学进修时,他几乎已经读完了清华大学图书馆的所有相关书籍。

在英国的两年时间里,华罗庚发表论文十多篇,引起国际数学界的普遍关注。抗战期间的1938年,华罗庚回到国内,在西南联合大学担任教授。在昆明郊外一间牛棚似的小阁楼里,他写出了二十多篇论文和一部专著——《堆垒素数论》。这部专著被认为是数学上的一部名著,曾先后被翻译成俄、德、英和匈牙利等多国文字。

抗战胜利后,华罗庚先后到苏联、美国考察访问。在美国,他先是在普林斯顿高等研究所做访问教授,后被伊利诺大学聘为终身教授。

1950 年，他携全家回国，到清华大学担任数学系主任，并接受中国科学院院长郭沫若的委派开始筹建中科院数学研究所。1952 年数学所成立，他担任了第一任所长。

我知道华罗庚，除因他的高知名度之外，还因为一个以他名字命名的“中学生华罗庚数学竞赛”。记得那年我上初中，高中有同学得了华罗庚数学竞赛一等奖，同学名字记不得了，但他的风光着实让我们羡慕。我还看过竞赛的一些试题，难度之大，难以想象。①

后来的“文革”期间，华罗庚写了一本《优选法平话》，是用数学理论指导“生产实践”和“科学实验”的一个典范。书中讲到的神奇数字 0.618，一时间达到了几乎家喻户晓的程度。

“文革“中的华罗庚似乎没有受到太大冲击，这主要是因为当时环境对一些自然学科的知识分子还算相对宽容。华罗庚自己也积极走“理论与实际相结合”、“与生产实践相结合”、“与工农兵相接合”的道路，深入基层生产第一线，在全国各地宣讲“两法”②，把科学交到工农兵手中。为此拍过的科教影片，我看过。华罗庚在“文革”中的唯一麻烦就是传闻他剽窃了学生陈景润的研究成果，据说是陈景润自己辟谣平息了此事。

陈景润（1933—1996），福建闽侯人，中国的又一位超一流数学家。他毕业于厦门大学数学系，1953—1955 年时曾在北京四中教书。四中是我的母校，但在他当老师时我连小学还没上。据说他不善言谈且语言难懂，故被拒绝登台授课。“文革”期间的风头人物陈伯达也是福建人，记得他在天安门讲话，还得王力在身边作翻译——福建话不好懂是出了名的。

既是教师又不能教课，陈景润在学校的地位十分尴尬。听说在一次全国教育工作会议期间，四中校长因陈景润的不称职而对厦门大学

---

① 没想到的是，那位同学“放松”了思想改造，滑进了资产阶级自由化的“泥潭”。他没有上成大学，与一些人一起被安置到了北京西山的一个地方。更没想到的是，“文革”中这又成了原北京市委书记彭真为“二月兵变”储备人才的一条罪状。彭真也“爱才心切”？

② 统筹法和优选法。

校长多有怨言。厦大校长王亚南也是爱才心切,便把陈景润要回厦大,做了图书馆的图书资料员。不善与人打交道的陈景润却善于在书中寻得人生价值的所在,他在图书馆里、在书里、在数学王国的海洋里获得了自由。很快,他完成了他的第一篇数学论文《关于塔利问题》并寄到社科院数学所。塔利问题我不懂,只知道它是数论的研究课题。陈景润是在图书馆里研读了华罗庚以及苏联数学家 И. М. 维诺格拉多夫等人的专著之后提出自己见解的。他的新的见解,据说对华罗庚著名的“堆垒素数论”起到明确的改进作用。那一年,他仅仅 23 岁。

陈景润的论文以及他本人都得到华罗庚的高度赏识,很快他就被调到数学所,到了华罗庚直接领导下的数论课题组。由于是借《关于塔利问题》进数学所的,以致在数学家王元后来的回忆录中,就有了“他是研究塔内的”这样莫名其妙的说法(Tarry,译作塔利或译作塔内)。在数学所,陈景润努力工作,在所研究的球内整点问题、华林问题等方面都取得一定成绩。照王元的话说:“到数学所后几年里,他是一个很好的解析数论学家。”

到 1959 年,全国各科研、教学领域以及各大中小学开始批判“白专”,数学所也不例外。华罗庚理所当然要受到冲击,陈景润被贬到大连化学物理研究所,去洗瓶子。中国的知识分子总免不了被谪贬,但落脚之处却高下不同。陈景润去了实验室是抽了好签,不光是没有脱离编制,也没有脱离科研机构。比起那些改行、下放、除名、劳改的要强得多。李政道和吴健雄的老师、世界公认的天才物理学家束星北刷了十年厕所,相比之下,陈景润的幸运是显而易见的。更幸运的是,当这次“运动”告一段落,他又被爱才的华罗庚调回了数学所。王元说:“如果没有华先生将他从大连调回来,他后半生的工作包括哥德巴赫猜想的研究就不存在了。因此,华先生绝对是他的恩人。”

真正使陈景润成为世界超一流数学家的是哥德巴赫猜想。

当年陈景润在福州英才中学上学时,因抗战南迁的沈元先生曾在校临时任教。沈元是知名科学家,后来曾担任北京航空学院院长。在一堂数学课中,他讲到了 18 世纪时德国数学家哥德巴赫在数论领域的一个猜想。这一猜想的最初表述大约是:每个不小于6的偶数都可以表示为两个奇素数之和。这一表述很专业很抽象很难懂,更看不出有什么实际应用意义。所以,除了陈景润,相信所有的同学听了也就忘了。也许就从那一堂课起,摘取这个“数学皇冠上的宝石”,成了陈景润的梦。

1962年起,陈景润就开始研究哥德巴赫猜想。1964年“四清”运动中,所里其他人都下去运动了,陈景润因身体不好留在所里,反倒得以静心研究。所里有一间原本要做锅炉房的6米小屋,陈景润就在那里无穷无尽地“猜想”,据说计算用过的草稿纸有好几麻袋。1965年初,他将关于哥德巴赫猜想的手稿给王元看,王元开始不相信,但“当他的手稿到我手上时,我想了几分钟就懂了……”哥德巴赫猜想有一个简单表述:1+1,陈景润的研究结果可以简称为1+2,已经是最接近猜想的最高成就。他的论文以简报形式发表在1966年5月15日出版的《科学记录》(《科学通报》的前身)上,当时“文革”已揭开序幕,这是《科学记录》在“文革”前的最后一期,陈景润赶了一个末班车。

由于证明过程复杂,陈景润又开始了简化证明过程。1972年,他将“1+2”证明论文投稿《中国科学》,在该论文的审查过程中,负责审查的王元和潘承洞,冒着“戴上‘复辟封资修’、‘反攻倒算’等的帽子”,决定支持论文尽快发表,这样,陈景润“1+2”的详细证明终于发表在1973年3月15日出版的《中国科学》上。当时外国学者迅速获悉论文的发表,英国数学家哈勃斯丹和西德数学家李希特迅即将陈景润的论文加入自己即将出版的数学专著之中,并将陈景润的研究成果称为了《陈氏定理》。①

我曾经学过美术。记得在美术史的讲解中,老师以梵高和一位日本什么大师为例说,凡是在某一方面显示出超人天才的,就有可能在

---

① 关于陈景润论文的发表过程还有其他多种说法,其中一说是陈景润最后将研究成果告诉了自己的好朋友、数学所业务处副处长罗四维。是罗四维起草了一份叫做“数学所取得一项重要理论成果”的简报,直接发给了当时的院领导武衡。武衡对此非常重视,在了解情况之后上报给了周恩来。新华社记者顾迈南采访罗四维之后写了一份新华社内参,毛泽东在内参上批了一句:“交文元同志办”……

其他方面有缺陷。陈景润也是。他的人际交往、生活能力都与常人迥异,孤身一人且常年疾病缠身。难道,天才一定要以牺牲人的正常秉赋,甚至要脱离正常生活轨道为代价?这是一个永远让人困惑的问题。后来,一篇报告文学不单让他成为中国家喻户晓的人物,也让他过上了娶妻生子的正常生活。文章作者:徐迟,文章题目:《哥德巴赫猜想》,发表时间:1978。这是中国现代文化史上一个奇迹。

华罗庚、陈景润在图书馆,解决了自己的生计,成就了自己的学业。在中国,还有一些知识分子有过图书馆的工作经历,但他们是被贬斥而去的。与朋友聊天,说如遇这种情况,能去图书馆为最佳,那里是"天堂模样"①。

奇怪,我在一篇文章中竟用了 N 多次"爱才心切",还嫌不够。

(2010 - 4 - 11)

① 阿根廷作家博尔赫斯有一句名言:"天堂应该是图书馆的模样。"

“天堂应该是图书馆的模样”

我心里一直都在暗暗设想
天堂应该是图书馆的模样……
——J·L·博尔赫斯

豪尔赫·路易斯·博尔赫斯(Jorge Luis Borges,1899—1986)是阿根廷作家,他还是阿根廷国家图书馆馆长。他在国图馆长任上长达十八年。上面引述的两句诗是他的名言,至少全世界的图书馆从业人员都知道。

博尔赫斯1899年生于阿根廷首都布宜诺斯艾利斯,父亲是一位英裔律师,还是一所语言师范学校的心理学教师。父亲拥有大量藏书,并在家中辟出一间图书室,这对博尔赫斯的成长起到决定性的作用。很小的时候他就养成阅读的习惯,家中的图书室成为他最喜欢的去处。藏书中大量的世界文学名著,为他打下了深厚的文学创作根底,而这种根底的绽露之早,到了让人吃惊地步。7岁时,他便用英文缩写了一篇希腊神话;8岁,他依据西班牙作家塞万提斯的《堂吉诃德》用西班牙文写了一篇《致命的护眼罩》;10岁,他在《民族报》上发表了英国作家王尔德的童话《快乐王子》的译作,文笔上的成熟让人怀疑文章是其父的代庖之作。

由于家庭与社会使用不同语言,这让他从小就处在双语环境之中。他很早就可以熟练地掌握英语和西班牙语。他15岁时,父亲因眼疾退休,带领全家来到欧洲。在游历英、法之后定居在瑞士日内瓦,博尔赫斯就是在那里上的中学。在中学里,博尔赫斯又学习了法语、德语和拉丁语,使他有了直接阅读多种原文名著的能力,这对他文学修养和文学创作力的提高起到了重要作用。期间,他读遍了世界著名作家、诗人、哲学家的作品，如法国的都德、左拉、莫泊桑、雨果、福楼拜，英国的托马斯·卡莱尔、斯蒂文森、吉卜林、托马斯·德·昆西，美国的爱伦·坡、惠特曼，德国的海涅、梅林克、叔本华、尼采等。

1919 年，博尔赫斯随全家移居西班牙，在西班牙期间，他同一些激进派别的青年作家有交往，一同创办文学刊物。他创作了歌颂十月革命的组诗《红色的旋律》和短篇小说集《赌徒的纸牌》，作品虽未发表，但给他后来的文学创作做了铺垫。这里要说的是，在当时的西方国家，有很多学者和青年对十月革命和苏维埃非常向往，其中包括法国的罗曼·罗兰等著名人物。这大约与“一战”给社会带来的动荡有关，也与人们对乌托邦式的理想社会的一贯追求有关。所以博尔赫斯的红色情结并不奇怪，这大概算是当时的“流行色”。

1921 年，博尔赫斯回到布宜诺斯艾利斯，开始在图书馆里工作。没想到这一开始，竟成就了博尔赫斯一生的宿命——他将终身从事图书馆工作。他历任布宜诺斯艾利斯市不同公共图书馆的职员或馆长，同时，他也办杂志，也讲学。从 1922 年起，他陆续出版了诗集《布宜诺斯艾利斯的激情》（1922），诗集《面前的月亮》（1925），诗集《圣马丁札记》（1929）。有评论说，他的诗形式自由，格调清新，语言质朴、意境悠远。博尔赫斯不光写诗，还写散文写小说写传记，还做翻译。有人认为博尔赫斯作品很少，中国作家余华曾说博尔赫斯总共也就三本书。其实不然，他的书不少，浙江文艺出版社 1999 年出版的五卷本《博尔赫斯全集》之中就收入诗集 14 部、小说集 6 部、散文集 8 部，共 28 种。据统计，博尔赫斯的全部作品应该在 50 种以上。他的小说以短篇小说为主，第一本短篇小说集《世界性的丑事》在 1935 年出版。而 1941 年出版的短篇小说集《交叉小径的花园》，使他赢得了阿根廷和拉丁美洲以及整个西方世界的赞誉。

在地理学上有一个概念叫作“对蹠点”，是说在地球表面上的两个点，它们的直线连线穿过地心，说得形象些，就是假如从一个地点垂直向下钻探，穿过地心从地球另一面钻出，那个地点就是对蹠点。北京的对蹠点并不在美国，而是在阿根廷布宜诺斯艾利斯附近。所以可以说，阿根廷是地球上离中国最远的地方。由于距离遥远，加上拉美国家并非西方主流，所以我们对阿根廷的了解有限，可能知道的有马尔维纳斯群岛，有足球，有马拉多纳和梅西，再有就是贝隆夫人。而我，知道贝隆夫人是因为一部电影《艾薇塔》，知道《艾薇塔》是因为一首歌《阿根廷别为我哭泣》，知道“《阿根廷别为我哭泣》”是因为美国歌星麦当娜……这是一条多么有趣的认知链。

贝隆是阿根廷政坛的重要人物。他曾三次担任阿根廷总统，也曾娶过三位夫人。艾薇塔是他的第二位夫人，她成功辅佐丈夫推行以自由平等为标榜的“贝隆主义”，在政治上取得巨大成功。她受到阿根廷平民的由衷热爱，被称为“阿根廷玫瑰”。

1946 至 1955 年贝隆总统执政期间，博尔赫斯与贝隆发生过严重冲突。他因在反对贝隆的宣言上签名，被撤掉布宜诺斯艾利斯市立图书馆馆长职务，让他去担任市场家禽检查员。这种侮辱是博尔赫斯不能忍受的。他拒绝任职并发表公开信表示抗议。他的抗议得到阿根廷知识界的广泛声援。结果在 1950 年，在众多作家的拥戴下，他反而当选为阿根廷作家协会的主席。这件事，一方面表现出博尔赫斯的独立人格；另一方面也能看出，贝隆虽是军人，又是政变出身，又以铁腕治国著称，他还是没有控制到社会的各个层面，至少连个“作协”都摆不平。

贝隆下台以后，博尔赫斯担任了阿根廷国家图书馆馆长。

博尔赫斯热爱图书，他把阅读图书作为人生的第一乐趣。他说过：“我是一个作家，但更是一个好读者。”但命运似乎要与他作对，像他这样热爱读书的人，命运（或是遗传基因？）却让他失去视力。当他被任命为国家图书馆馆长的时候，他已经近乎完全失明。在那首著名的《关于天赐的诗》中他这样说：

上帝同时给我书籍和黑夜，
这可真是一个绝妙的讽刺，
……
他让一双失去光明的眼睛

主宰起这卷册浩繁的城池
……

就像贝多芬,博尔赫斯同样“扼住命运的咽喉”,在近乎失明的情况下,他不但担任着国家图书馆馆长,还担任着布宜诺斯艾利斯大学哲学文学系教授。另外他的文学创作也没有停止,坚持用口述方式继续着。他的贡献获得了人们的认可,一份长长的荣誉清单应该就是这种认可的证明,在这些荣誉中,有阿根廷国家文学奖,阿根廷国家艺术基金大奖,巴西美洲文学奖,法国文学艺术骑士勋章,法兰西学院金质奖章,德意志联邦共和国荣誉勋章,西班牙塞万提斯奖……大约是因他的英国血统,英国王室还封他为爵士。在拉丁美洲,他与智利诗人聂鲁达齐名。

在博尔赫斯的文学作品中,有一篇名为《巴比图书馆》(〈*The Library of Babel*〉),书中写到:“读书人理想的图书馆,正如一座巴比塔,[①]是永恒和完美的神的产物,而我心里一直都在暗暗设想,天堂应该是图书馆的模样。”在上面提到的那首《关于天赐的诗》中他又重复了这句话:“我心里一直都在暗暗设想,天堂应该是图书馆的模样。”1973年贝隆重新当政时,他离开了阿根廷国家图书馆,离开了他心目中的天堂。1986年,他在瑞士日内瓦——在他中学时生活过的地方因病逝世,他去了真的天堂。

附:《关于天赐的诗》

上帝同时给我书籍和黑夜,
这可真是一个绝妙的讽刺,
我这样形容他的精心杰作,
且莫当成是抱怨或者指斥。

---

① 巴比塔又叫通天塔,《圣经·旧约》中记载:经过洪水劫难,挪亚的子孙逐渐兴旺,他们在示拿地平原上定居,在建城的同时建了一座塔,城是巴比伦城,塔就是巴比塔。他们要把塔建的直达天庭,想看看天上到底是什么样子。

他让一双失去光明的眼睛
主宰起这卷册浩繁的城池，
可是，这双眼睛只能浏览
那藏梦阁里面的荒唐篇什，
算是曙光对其追寻的赏赐。

白昼徒然奉献的无数典籍，
就像那些毁于亚历山大的
晦涩难懂的手稿一般玄秘。

有位国王
傍着泉水和花园忍渴受饥；
那盲目的图书馆雄伟幽深，
我在其间奔忙却漫无目的。

百科辞书、地图册、东方和西方、
世纪更迭、朝代兴亡、
经典、宇宙及宇宙起源学说，
尽数陈列，却对我没有用场。

我心里一直都在暗暗设想，
天堂应该是图书馆的模样，
我昏昏然缓缓将空幽勘察，
凭借着那迟疑无定的手杖。

某种不能称为巧合的力量
在制约着这种种事态变迁，
早就有人也曾在目盲之夕
接受过这茫茫书海和黑暗。

我在橱间款步徜徉的时候，
心中常有朦胧的至恐之感：
我就是那位死去了的前辈，
他也曾像我一样踽踽蹒跚。

人虽不同，黑暗却完全一样，
是我还是他在写这篇诗章？
既然是厄运相同没有分别，
对我用甚么称呼又有何妨？

格罗萨克或者是博尔赫斯，
都在对这可爱的世界瞩望，
这世界在变、在似梦如忘般
迷茫惨淡的灰烬之中衰亡。

洪 William

胡适在为《司徒雷登自传》所做的序言中说过这样的话:“我趁此向燕大的中国学人致敬,特别要向洪业博士致敬;他建立的燕京图书馆,出版《燕京学报》,而且创办一项有用的哈佛燕京引得丛书,功劳特别大。”胡适所说的洪业博士是一位知名的历史学家,曾担任燕京大学图书馆馆长。

洪业像

洪业(1893—1980)字鹿岑,福建侯官(福州)人。父亲洪曦是光绪年举人,亦曾为官。洪业从小接受私塾教育。11岁时,父亲调到山东曲阜任上,他便进入曲阜县立学堂以及济南学堂读书,开始接受新式教育。后来回到福州,就读于美国传教士开办的英华书院。1915年毕业后,得书院董事克劳弗德资助赴美留学。先后就读于俄亥俄州的卫斯良大学、哥伦比亚大学、纽约协和神学院,获得文学学士、文学硕士、神学学士等学位。1922年,他被燕京大学聘为历史系助教。

先说说燕京大学。在上世纪前半叶,北京有一所有名的大学——燕京大学。这是一所教会学校,是美国美以美教会、公理会、美北长老会和英国伦敦会联合开办的。成立于1916年。它的校长同样有名,相信“司徒雷登”这个名字很多中国人都知道。

在中国教育史上,教会学校对中国现代教育的发展起到过非常重要的作用。仅就高等教育而言,将其称为中国现代高等教育起步阶段的主体应不为过。它们一共有十四所大学,分别是:燕京大学、齐鲁大学、东吴大学、圣约翰大学、之江大学、华西协和大学、华中大学、金陵大学、华南女子文理学院、福建协和大学、湘雅医科大学、金陵女子文理学院、沪江大学、岭南大学。1952年,这些学校大都被“瓜分”而不复存在。以燕京为例,学校主体(包括校舍和文、理部)给了北京大学,工程科并入清华大学,法学院和社会学系并入北京政法学院。帝国主义没能瓜分我们国土,我们却能瓜分他们学校。

洪业在美国留学时,给自己起的英文名字叫 William,他以 William 的读音又给自己起名煨莲。而这一名字似乎更为人们所熟知。在1925 年发起成立中华图书馆协会的五十六人大名单中,他用的就是洪煨莲这一名字。

在燕京大学成立之初,需筹集资金建校舍。当时的燕京大学副校长,美国人路思义(Henry Winters Luce)受校长司徒雷登(John Leighton Stuart)的委托回国募捐,洪煨莲担任了路思义的助手。据说洪煨莲口才颇佳,在募捐活动中发挥了很大作用。随着募捐的完成,他的受聘也就顺势而成。1923 年,洪煨莲携妻女回国,到燕京大学任教。

洪煨莲在燕大,先是在历史系任教,后来还兼任文理科学院教务长,又担任了历史系主任和图书馆馆长。洪煨莲首先是一位历史学家,而他在历史学上的着重点恰与图书馆学科中的目录、版本学相表里,他同样可以被看作是图书馆学家。其实他在很小的时候就与图书馆结缘,在山东济南上学时,他经常到刚刚开办的民众公共图书馆里一呆就是一天,饿了就吃自己带的干粮。后来在美国上大学,学校图书馆的丰厚藏书、先进设施、科学管理、周到服务给他很大触动,让他萌生了回国建馆的愿望。应该算是天遂人愿,在他回国后的不长时间,一个草创初成的燕京大学图书馆便交到了他的手上。

最初的燕大图书馆只有房屋一间,书架一排。由于经费有限. 只能购买开课所需图书,总共才有中西文图书 2 万余册。1924 年,美国人汤姆斯夫妇的三个女儿为实现父母“在全中国推广学习”的遗愿,捐款五万美元建起新的燕大图书馆。图书馆外形仿文渊阁,内部则西式设施,功能齐备。当 1927 年图书馆正式对外开放之后,洪煨莲便担任了图书馆主任一职。

图书馆最重要的是书。而书又有数量与质量两大指标。先说数量,也就是藏书量。洪煨莲接手时,图书馆藏书不过 2 万余册。也就一年以后，藏书量即达到 14 万余，整整增加到了六倍。而后每年递增，1933 年 32 万，1948 年 37 万，1952 年“被消亡”时更是达到 68 万。另有拓片 12000 张，木刻书版 2400 块。至于购书经费，则来源于哈佛－燕京学社。

哈佛－燕京学社是哈佛大学与燕京大学联合开办的东方学研究机构，而这一机构的资金竟也来自捐款！西方人的乐善好施是有名的，他们热衷于拼命挣钱，同样热衷于拼命捐钱，特别是捐助公益事业。比如卡内基，比如诺贝尔，比如捐建斯坦福大学的利兰·斯坦福。他们挣钱的目的似乎不在钱本身，而是在享受挣钱的过程。由他们掌管的财产“二次分配”，从另一条渠道追求着社会公正。照袁腾飞的看法，这种行为源于对上帝的信仰。“《圣经》上说：富人进天堂，比骆驼穿过针眼还难。因为他们想进天堂，所以在生前要把钱捐掉。”其实不管动机如何，社会效果是巨大的，是让中国人或是慕羡不已或是羞愧不已或是无动于衷的。

1914 年，美国铝业公司创始人查尔斯·霍尔去世，留下了一笔约 1100 万元的巨额遗产。根据他的遗嘱，以遗产的三分之一建立霍尔教育基金，用于“国外地区的教育目的，即日本、亚洲大陆、土耳其和欧洲巴尔干半岛地区……已建立或即将建立的教育机构的创建、发展、支持或维持”，并主要用于这些地区美国或英国教会机构的世俗教育事业。当哈佛大学得知这一情形，便提出建立东方教育研究学社的方案，希望以此争取获得霍尔基金的资助。但是根据霍尔遗嘱的规定，任何一所美国大学是不能直接得到专用于“国外地区”的基金资助的。因此，基金董事会建议哈佛大学与东方的某个大学或研究机构合作创建一所从事东方学研究的学社，并提议中国北京的燕京大学可以作为合作对象考虑。但虽然有基金董事会的提议，哈佛与燕京也并非一拍即合。经过四年的考察、交涉、整合、规划等一系列复杂过程，两校终于合作成立了哈佛－燕京学社。学社的成立，不单使得燕京大学获得霍尔基金会一次性资助的 100 万美金，还获得每年 50 万美金的持续性资助。而正是这些钱中的一部分成为燕大图书馆较为充沛的购书经费。另外,燕大图书馆还担负起为哈佛大学的汉和图书馆(Chinese and Japanese Library)购买中文图书的任务。汉和图书馆创立于1927年,首任馆长裘开明。1965年汉和图书馆改名哈佛燕京图书馆。

在藏书上,数量重要,质量同样重要。最初的燕大图书馆虽然也有一些中外文图书,但中文书不过"四书五经"之类的常见书,外文书则大多为《圣经》之类的宗教书籍,以致师生为做学问不得不前往当时的京师图书馆。洪煨莲购书,采取了独特而有效的方法,他成立以他为主任委员,有顾颉刚、容庚、邓之诚、郭绍虞等为成员的购书委员会,后来又请从事古文字研究的顾廷龙担任采访部主任。特别要提到的是,燕大虽为教会学校,但购书委员会中竟以国学学者居多。这样,由教授专家提出购书计划,无论对所购图书的学术水准、教学价值以及完善藏书整体结构等方面都起到积极的推进作用。著名历史学家顾颉刚曾专门写了一份《购求中国图书计划书》,其中还特别列出许多应当收购而容易被人们忽视的资料,如档案、哀启、账簿、戏本、歌谣、宝卷、金石拓片、各类著作稿本以及有文献价值的照片等。在这一点上,洪煨莲与顾颉刚持相同观点,他特地安排员工利用星期天到市场上去收购旧书废纸。这些废纸包罗万象,日历、药方、符咒、信件等等什么都有。在每个星期三下午,洪煨莲便带学生到废纸堆中翻拣。他要求学生一张张看,一旦发现有价值的东西,他便要学生据此写文章,拿到《大公报》的《史地周刊》上发表。这样的活动,有助于学生在搜集、整理、研究、利用文献方面掌握方法,养成习惯。他自己也曾在"废纸"中找到过绝迹多年的清崔述《知非集》的手抄本。

这样,在洪煨莲开创性的经营之下,燕大图书馆很快形成自己特色:

1. 藏书量大。它不单在十四所教会大学中位列第一,在国内所有大学中也仅次于清华大学、国立中山大学和国立北京大学的校图书馆,列第四;

2. 报刊齐全。1930年时为200种,中西各半。1952年时,有报纸合订本7700册,杂志合订本22 500余册,待编杂志79 900余册;

3. 善本书多。善本以明、清刻本及抄本居多，也有宋版元钞，1952年时，有善本3578种，37 484册；

4. 率先利用缩微技术。图书馆不仅向美国国会图书馆订购缩微卡片和缩微胶卷，还购买了缩微胶卷阅览器和缩影照像机，以自制珍本书籍的缩微胶片。

在本文开头引用胡适的话中说到，洪煨莲最大贡献还在于“创办一项有用的哈佛燕京引得丛书”。

“引得”是英语index的音译，就是现在所说的索引。凡是做学问的人，谁都知道索引的重要性。但编纂索引是一件很繁琐很枯燥很吃力的苦作。特别是中国古代文献典籍，没有一定的决心和毅力是做不来的。洪煨莲的决心表现在他的《引得说》和《引得编纂手续纲要》的著述当中，他的毅力则存在于他的《说苑引得》《礼记引得》《春秋经传引得》《杜诗引得》等全部64种作品以及十数万字的序言当中。中国典籍十三经，有十二经的引得都由他和他领导的引得编纂处完成。所有这些引得特别是综合引得“堪靠灯”（Concordance），已经成为研究中国国学的必备工具书。洪煨莲似乎对英语词汇很感兴趣，从“煨莲”到“引得”到“堪靠灯”，他的音译也都很有意思。但顾颉刚不以为然，十三经中唯一由他完成的《尚书》索引便不叫引得，而叫《尚书通检》。

洪煨莲身处中国社会的动荡时期，在他个人经历中，有两件事关乎民族，关乎尊严。其一是他曾阻止了美国人华纳有组织的盗取敦煌宝物计划。那是1925年，洪煨莲的学生王近仁曾给华纳当翻译，亲眼目睹了华纳在敦煌石窟试着粘揭壁画。当华纳带着几个人以及大量甘油、纱布等工具再次来华时候，王近仁将情况告诉了洪煨莲。洪煨莲感到事态严重，立即找到教育次长秦汾，秦汾当即用电报通知北京到敦煌沿途各省市地方官员，请各地官员对华纳一行予以悉心“关照”。令华纳奇怪的是，他沿途所到，竟都有政府官员出面接待。到了敦煌，每个外国人身旁又都有两名中国士兵保卫“安全”，让他们根本得不到下手机会。最后，华纳一无所获地踏上归程。路过兰州时，他把甘油和纱布送给了当地一所教会医院。

1941 年太平洋战争爆发，洪煨莲遭到日军逮捕。审讯中，日本人命令他给“太君”鞠躬。洪煨莲面色凝重，说：“我向武力鞠躬。”在回答“你为什么抗日”这一问题时，洪煨莲坦诚答道：“我不得不如此。我不仇视日本人民，但我反对日本的军国主义。战争什么时候终了我不知道，但我知道总有一天要终了。战事结束时，日本人民是要受苦的。我可怜日本人民，因为他们受军人哄骗了，当他们有一天觉醒时，便会发现所有的宣传都是假的，你们宣传说日本的目的是要亚洲各国共同繁荣，这完全是骗人的话……”而当第二次审判，洪煨莲再次申明“向武力鞠躬”时，竟出现戏剧性的一幕：审讯他的日本军官站起身，走到桌前，深深地弯下了腰，用中国话说道：“我向一个不怕死敢讲实话的人鞠躬。”

1946 年，洪煨莲接到哈佛大学的讲学聘书离开了北平。1947 年春，又到夏威夷大学任教，从此便没再回国。1950 年，他曾请友人将他留在国内的一些图书资料寄往美国，由于都是古籍，按规定不能出国，而手稿也需经当局审查后才能寄出。再后来，洪煨莲让学生将自己留在国内的三万多册书籍捐给了学校图书馆。“去国怀乡，终老异土”竟成了中国知识分子的一道宿命。

（2010 - 5 - 8）

侨领陈嘉庚与集美图书馆

我在《凤凰之子的图书馆情缘》一文中，讲到黄永玉在上世纪30年代曾在福建厦门集美学校读过书，他对上课不感兴趣，反倒非常喜欢独自去图书馆看书，有时竟忘了时间而被反锁其中。黄永玉所说的图书馆就是集美图书馆，是1918年时由侨领陈嘉庚先生创建的。

陈嘉庚（1874—1961），福建同安集美村人，17岁时赴新加坡，在父亲开办的顺安米店打工。30岁时，他用7000元新加坡币创建了一家菠萝罐头厂。由于经营有方，工厂很快盈利，规模也得到扩展。当时恰逢橡胶种植刚刚从巴西引进到东南亚，陈嘉庚独具慧眼，立即用2000叻币（新加坡币又称叻币）买树种，在自己的菠萝园中栽种。十多年后，他已经拥有1.5万英亩的马来亚最大橡胶园。不但如此，他还在橡胶制品如轮胎、胶鞋等的生产上获得成功，一百多家产品销售处遍布世界五大洲，打破了当时英国在橡胶制品行业的垄断。二十多年的时间里，他的经营范围扩大到粮食、食品、制革等轻工领域。在1925年的

1940年3月，陈嘉庚（居中者）率领华侨慰问视察团飞抵重庆

鼎盛时期,他有工厂三十多座,用工三万余人,资产总额达到1200万元(叻币)。

陈嘉庚不单是个成功的企业家,更是一名爱国者。1910年他加入同盟会,与孙中山先生结下友谊,积极支持孙中山领导的革命运动。孙中山有一句名言:"华侨是革命之母。"这句话是对爱国华侨的最大肯定,其中自然包含着对陈嘉庚所作贡献的肯定。

1928年,日本人在中国制造了济南惨案,海外华侨义愤填膺。陈嘉庚领导新马华侨社团开展筹赈祖国、抵制日本活动。1937年"七·七"事变之后,他更是发起成立"马来亚新加坡华侨筹赈祖国伤兵难民大会委员会"并担任主席。1938年,他应国民政府行政院的致电请求,联合著名的菲律宾华侨李清泉、印尼华侨庄西言等人,联络南洋各地华侨代表在新加坡召开"南洋华侨筹赈祖国难民总会"的成立大会,大会推举陈嘉庚为主席。作为主席,陈嘉庚带头捐款购债。在他的筹划组织之下,南侨总会在短短三年多的时间内便筹得约合四亿多元国币的款项。各地筹赈会也为前方将士捐献大量棉衣、药品、卡车等物资,并在新加坡和重庆投资建立制药厂,生产抗战所需药品。1939年,陈嘉庚招募3200多名华侨汽车司机和修理工,在新打通的滇缅公路上抢运抗战物资。1940年,他还组织了南洋华侨回国,到重庆、延安等地进行慰劳访问。

1949年以后,陈嘉庚担任了中央政府委员,华侨事务委员会委员,华东军政委员会委员和全国侨联主席以及第一、二届全国人大常委会委员和第二、三届全国政协副主席。1961年去世。

我在看现代人物传记时,对人的卒年常会生出感慨。比如对陈嘉庚先生的1961年,心中竟多少有些庆幸——幸好他是在"文革"前走了。想他虽然是爱国华侨,虽然平生捐资建学几近倾囊。但如果再想到与之比肩的荣毅仁先生也未免挨打受辱,他的早死则未尝不是好事。

陈嘉庚最值得称颂也是最获成功的便是捐资建学等慈善公益事业。陈嘉庚曾说:"民智不开,民心不齐,启迪民智,有助于革命,有助于救国,其理甚明。教育是千秋万代的事业,是提高国民文化水平的根本措施，不管什么时候都需要。”这便是他的信条，是他捐资助学的理想基础。由于有了这样的理想，“他办学时间之长，规模之大，毅力之坚，为中国及世界所罕见。”

早在1913年，陈嘉庚便在家乡集美创办了一所小学，以后陆续办起师范、中学、水产、航海、商业、农林等学校共计十所。另外还创办了幼稚园、医院、图书馆、科学馆、教育推广部，所有这些被统称为“集美学校”。1923年，当时的孙中山大元帅大本营批准承认“集美为中国永久和平学村”，这样，这些由陈嘉庚捐建的规模宏大，体系完整的“集美学村”就此确立。另外，陈嘉庚于1921年又创建了厦门大学，一所当时唯一由华侨创办的大学。大学设文、理、法、商、教育等五院十七个系。这所大学于今还在，是全国重点大学之一。如果从另一个角度、从“分蘖”的角度来看，厦门大学更是非常独特。比如：

厦大海洋系转入山东大学海洋系，最终组建成青岛的中国海洋大学；

厦大电机、土木、机械三系并入了浙江大学；

厦大工学院的机械、电机两系成为南京工程学院（现东南大学）的组成部分；

厦大水利系成为华东水利学院（现河海大学）的组成部分；

厦大俄语专业合并到南京大学外语系；

厦大航空系先是并入清华大学组建清华大学航空学院，很快又组建为北京航空学院（现北京航空航天大学）；

厦大企业管理系并入上海财经学院（现上海财经大学）；

厦大参与组建内蒙古大学；

厦大土木建筑系并入同济大学；

厦大原航务专科先是独立成为福建航海专科学校，而后参与组建大连海运学院（现大连海事大学）；

以上的被拆分多发生在1952年的院校大调整，厦门大学的命运几与教会学校命运相同。（当然也曾有自身的裂变，比如1924年学潮，厦大三百余名师生来到上海，组建大夏大学，即今日的华东师大。）

1960 年，为筹办福州大学与物质结构研究所，厦大物理系和化学系的一批教师调到福州大学，组建了福大物理系。厦大电子物理组技术物理一组，电子物理组及其电子管试制车间也同时转入福大物理系。此外，厦大数学系的计算数学、应用数学、概率论与数理统计也迁到了福大。为了创立福州大学，厦大竟分出了自己的多一半“数理化”——厦大怎么了？

厦门大学有图书馆，图书馆至少有两任馆长很是有名，一位是林语堂，他以中文系主任兼图书馆馆长。他的前任是裘开明，著名的图书馆学家，是厦门大学图书馆第一任馆长，也是美国哈佛燕京图书馆的第一任馆长。

在厦门还有一座图书馆——集美图书馆，这座厦门最早的图书馆也是陈嘉庚先生创建的，时间是 1918 年，至今 92 年了。在 1913 年陈嘉庚创办集美小学时，就为学校配备了图书资料室。后来学校规模不断扩展，逐渐成为拥有小学、中学和师范学校的教育综合体，陈嘉庚便于 1918 年、于学校师范部居仁楼内辟室建图书馆。1920 年，图书馆迁入新建馆舍博文楼，馆舍面积多达 7191 平方米。

最初的集美图书馆是学校图书馆而非公共图书馆，专为集美学校师生服务。当时的借阅数据相当可观，外借册次：700 册/日；阅览人次：1000 人/日。

1937 年抗日战争期间，图书馆随学校迁往厦门北面的安溪，暂厝于安溪文庙。1939 年博文楼被日军飞机炸毁，未能搬迁的部分馆藏书刊全部丧失。为避免日军不断逼近的侵袭，学校将迁至安溪的图书也做了疏散。周折中，图书又有损毁。

1945 年抗战胜利，图书馆随校迁回集美，借文学楼和敦书楼为馆址。1946 年重回修复完工的博文楼并重新开放。

1953 年，由陈嘉庚先生出资，在学校科学馆侧建“工”字型新馆舍。

1956 年，厦门市政府行使对集美学校包括图书馆的管辖权，尊重陈嘉庚先生意见，图书馆每年购书费保持在万元以上。

1966 年"文革"开始,集美学校图书馆由厦门市图书馆接管,更名为集美图书馆,其性质也改变为向社会公众开放的公共图书馆。但我对图书馆的具体开放时间不清楚,因为"文革"期间是不可能正常开放的。(我所供职的北京市朝阳区图书馆馆史记载,图书馆在 1966—1971 年完全关闭。)

1989 年,依据国侨办建议,厦门市政府将集美图书馆归还给集美学校委员会管理,性质仍为集美地区综合性公共图书馆。

1998 年后,集美学校委员会出资重建博文楼、建立电子阅览室。

2005 年,文化部正式授予集美图书馆"国家一级馆"称号。集美图书馆也基本完成由传统型图书馆向复合型图书馆的转化。

2008 年,集美图书馆创建 90 周年之际,全馆已有藏书 30 余万册,电子图书 25 万册,读者借阅量达 20 万人次/年。它的特色馆藏为南洋报刊和有关华侨的文献资料。闽南特色的"南音"古代手抄本、陈嘉庚先生的个人文献以及众多古籍善本等,都是集美图书馆的珍贵馆藏。

一个人捐资助学已是难得善举,像陈嘉庚先生这样几乎倾全部家产而捐的,更是难得,像陈嘉庚先生取得如此辉煌业绩的,更是难得。陈嘉庚先生重视教育,并且十分推重图书馆的教育功能。他说过:"图书馆是学校,图书馆员是高级教员。接待一名读者,借出一本好书,就是播下一颗知识的种子。"这句话,是专门说给我们这些图书馆从业人员听的。

原想说说陈嘉庚替父还债故事,但在世风普降的今天,说也没用,徒增沮丧而已。但陈嘉庚的电报参政议案一事是必须要说的。1938 年 12 月,国民政府在陪都重庆召开国民参政会第二次会议。陈嘉庚当时正在新加坡领导南洋华侨筹赈祖国难民总会开展抗日活动。他以参政员身份向参政会发出电报提案,提案主要内容为"日寇未退出我国土之前,凡公务员对任何人谈和平条件,概以汉奸国贼论"等 30 字。当时的参政会议长正是投降派魁首汪精卫,提案锋芒所向只差直呼其名。后来这一提案简化为"敌未出国土前言和即汉奸"11 字,并以这 11 字载诸史册。[1]

从整体上看,陈嘉庚的捐资助学绝不比美国的利兰 · 斯坦福差,厦门大学也同样可能成为中国的斯坦福大学,集美学村也可能成为中国的硅谷……但任何事物只要遭遇“中国特色”,就不好说了。

1990 年,中国国际小行星命名委员会将中国科学院紫金山天文台在 1964 年发现的第 2963 号小行星,命名为“陈嘉庚星”。

(2010 – 5 – 16)

---

① 根据较新的资料,陈嘉庚先生的电文提案共有三条内容:一、日寇未退出我国土之前凡公务员对任何人谈和平条件概以汉奸国贼论;二、大中学校在抗战期间禁放暑假;三、长衣马褂限期废除以振我民族雄武精神。

“交换学者”裘开明

“交换学者”应该是近几十年的出现的事,大约是中外双方对等互派学者教授,进行教学或进行科学项目研究。闭关锁国多年的中国学界,刚一开放,还曾把出国进修、参观、访问、交流等等作为一种待遇或福利,基本与学问无关。至于“交换学者”,学问成分可能会大些,至少你要到对方那里做出些成绩才行。“交换学者”应该是两国学术科研部门商定或是审定的结果。至于本文要讲的裘开明,他的“交换”却是自然形成的,而且一交换几乎就是一辈子。

裘开明(1898—1977)字闇辉,出生于浙江镇海。小时曾在舅舅开办的乡塾念书,后到汉口的文明书局分店当学徒,一年后进湖南长沙的一所教会学校学习。1920 年,考进入武昌文华大学图书馆专科。文华大学图书科是美国圣公会传教士、图书馆学教育家韦棣华女士于 1920 年创办的,是中国第一个图书馆学的专业教育机构。裘开明有幸成为文华图书科的第一届学员。

两年后,裘开明完成学业,获文华大学学士学位。毕业后被聘为厦门大学图书馆馆长。1924 年赴美深造,攻图书馆学和经济学。1925 年获纽约公共图书馆学院图书馆学学士学位,1927 年获哈佛大学经济学硕士学位。在哈佛学习期间,裘开明还在哈大图书馆中文部兼职。哈佛毕业后,裘开明留校任中文系讲师兼图书馆中文图书编目员。1927 年,裘开明接受后来的哈佛—燕京学社社长艾里赛也夫(Serge Elisseeff)教授及哈大图书馆馆长柯立芝(Archibald Cary Coolidge)博士的聘任,创办汉和图书馆(Chinese and Japanese Library),1928 年汉和图书馆成立,并成为当年同时创立的哈佛—燕京学社的专属图书馆,裘开明为第一任馆长。

1928 年,美国霍尔教育基金会资助美国哈佛大学与北京燕京大学成立了哈佛—燕京学社，这是一个专门开展东方学研究的学术机构。汉和图书馆隶属于这个机构。图书馆重点收藏中国古籍以及其他东方文献，它的图书采购主要由燕京大学的购书委员会代办，洪煨莲、顾廷龙都曾担任过购书委员会主任。1965年汉和图书馆改名哈佛—燕京图书馆（Harvard-Yenching Library）。也是在这一年，裘开明结束了他长达38年的图书馆馆长任期。

位于北京的燕京大学图书馆和位于波士顿的哈佛－燕京图书馆（文献中一般不称汉和图书馆），两馆虽然跨越东西半球，却是关系最为密切的图书馆。它们的经费都来自霍尔基金，他们的图书采购目标都是以中国古籍为主的东方文献，而它们采购方法却十分简单，燕大的购书委员会多采一套复本给哈佛那边就行了。有人将它们称作并蒂莲，并视之为馆际关系的一个奇迹。只可惜燕大这一枝在1952年先行殒灭。而哈佛－燕京图书馆则继续发展，成为美国在东方文献领域仅次于美国国会图书馆的第二大图书馆。依照2002年的统计数据，馆藏图书已超过100万册，其中中文图书57万册，日文图书26万册，韩文图书10万册，其他包括越、蒙、满、藏、纳西等文字图书6万册。其中5万多册中国地方志和流失海外的孤本尤为珍贵。甚至“文革”期间的语录、禁书、红卫兵小报也都广为搜罗。有如此丰厚的文献基础，哈佛—燕京学社逐渐成为美国汉学和东方学研究的中心机构。包括费正清（Fair-bank，Johnking）之流的美国汉学家和大陆、台湾的学者都受益于哈佛—燕京学社和哈佛—燕京图书馆，都对手创哈佛—燕京图书馆的裘开明博士①心存感戴。

裘开明在常年的图书馆工作实践中，对图书编目、分类以及古籍善本等都有深入研究。曾发表过专著和专论共五十多种。主要有《中国图书编目法》《汉和图书分类法》《哈佛—燕京社图书馆中文书籍分类目录》和《中日文图书分类法》等。其中《汉和图书分类法》集四库分类和现代分类特点于一身，非常适合中国和日本古典文献的分类。

---

① 裘开明于1933年获哈佛大学经济学博士学位。

这一分类法以及他创立的罗马拼音编入卡片法，一直为美国的东亚图书馆所沿用。

哈佛—燕京图书馆的购书并非完全依赖燕大图书馆，1940 年代后期至 1950 年代初，裘开明曾委托友人在日本东京等地大力搜集中国及日本的古籍文献。而在 1949 年之后，则必须由自己独立完成图书馆的藏书建设了。

现在的哈佛—燕京图书馆，门外有一对石狮蹲守。门两面各有一块长方横牌，左为"燕京图书馆"，右为"燕京学社"。入口处悬挂清末学者罗振玉当年为燕京图书馆所题"拥书权拜小诸侯"的篆书匾额。馆藏善本图书均按裘开明创立的"汉和图书馆分类法"排列在架。其中大量的明清学者文集、丛书、原版方志和经史典籍都是在裘开明任期内入藏的。任期内他也曾几次回国，一次是 1930 年，任中央研究院北平科学研究所研究员。一次是 1936 年，先任北京大学教授后任清华大学教授。他还接受燕大图书馆馆长洪煨莲的邀请，回国帮助整理燕大图书馆图书，以加强两馆的合作与交流。虽然他几次离职，但他的馆长职务并未解除，他还分别兼任美国波士顿美术博物馆中国文学顾问和美国图书馆协会远东图书馆编目顾问。1965 年他退休后，还担任过香港中文大学三学院图书馆馆长，美国明尼苏达大学东亚图书馆和香港大学图书馆顾问等职。1970 年以后任哈佛—燕京图书馆中文善本图书研究顾问。1977 年卒于美国马萨诸塞州的剑桥——哈佛大学的所在地，享年 79 岁。裘开明一生著述颇丰，除上文所列，还有《中国民众图书馆概况》《美国图书馆事业之趋势》和《韦师棣华女士传略》等。

裘开明是韦棣华女士培养出来的，是中国第一代的现代图书馆学专业学者。韦棣华女士是美国人，她从 1899 年来到中国，直到 1931 年在中国逝世。整整 32 个年头，光是从她创办的文华图专培养出来的图书馆学人才就有上百名。正是这些人为中国现代图书馆事业的起步和发展做出了巨大贡献。裘开明是韦棣华的学生，他在美国 50 年的努力工作似乎是在回馈韦棣华，他们对对方国家图书馆事业的贡献都是巨大的,他们是真正的“交换学者”。

中国广东中山大学图书馆馆长程焕文先生曾有《裘开明年谱》出版,听说正在撰写《裘开明传记》,期待中。

(2010－5－22)

归骨田横之岛

傅斯年，现代中国文化的重量级人物。

傅斯年

傅斯年（1896—1950）原字梦簪，后字孟真，山东省聊城人。史学家、教育家和社会活动家。曾先后担任国民政府中央研究院历史语言研究所所长、研究院总干事、国民参政会参政员、北京大学代校长、台湾大学校长等职。

山东聊城是个十分独特的地方。黄河运河在这里交汇，发达的水系让它成了北方少有的水城。另外，它还是北方少有的书城。中国明清以来的私家藏书，大都集中在江浙一带。吴晗曾有过研究，他的《江浙藏书家史略》一书中，收录江浙藏书家达 891 人之多。当年乾隆皇帝为编纂《四库全书》征书，天一阁、知不足斋、开万楼、丛书楼等江浙四家私人藏书楼，共计上呈图书两千七百九十八种，占到全国征集总量的八分之一强。晚清的四大藏书楼有三座也在江浙，而北方只有一座杨以增的海源阁，就在聊城。这座海源阁虽然历尽磨难但于今还在，让聊城引以为傲。

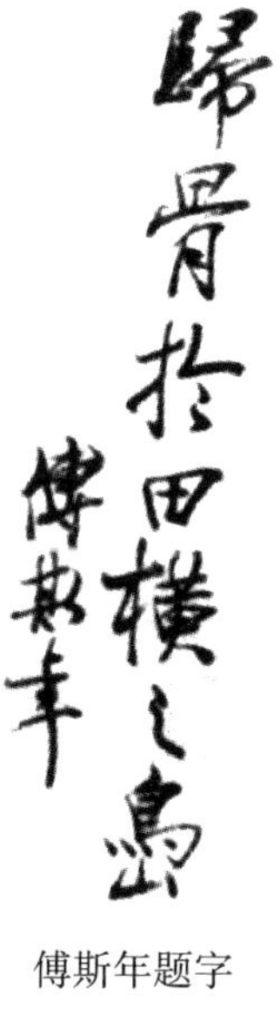

傅斯年题字

清初聊城出过一位人物，清朝开国后的第一任状元、武英殿大学士、兵部尚书、太子太保傅以渐。太子太保是太子的老师，他的学生就是后来的康熙皇帝。在聊城，傅以渐的故居被称作“相府”，院内堂上悬“状元府第”匾，廊柱上有康熙帝写的对联：“传胪姓名无双士，开代文章第一家。”傅斯年是傅以渐的后代，1896 年，他就出生在这座已经破败的“相府”里。

傅斯年像

傅斯年 5 岁入塾。9 岁丧父。1909 年 13 岁时，被父亲的一位门生带到天津，就读于天津府立中学堂。1913 年考入北京大学预科，1916 年升入北京大学文科。有家学渊源，有幼学功底，有聪颖才智，有刻苦工夫，傅斯年很快便在北大有了名气，成为校园中独步一时的才子。有同学调侃说：“有傅胖子在，我们永无出头之日了。”（有人说这话是俞大维说的，说着还把自己的专业从文史转为理工，成为著名的弹道学家。他的妹妹后来嫁给了傅斯年。）同学聂湘滨回忆，由于傅斯年的博学，“有些教授就怕给他上课，往往在课堂上，他提出的问题老师答不上来。使老师更难为情的是，他会当面指责老师讲错了，并有根据地说：这个问题某某书上是怎么讲的，某某先生是怎么说的，我认为该怎么理解，经常把老师弄得张口结舌下不了台。”傅的好友罗家伦还说了这样一件事：“当时的北大，有一位朱蓬仙教授，也是太党弟子[①]，所教《文心雕龙》并非所长，在教室里出了好些错误。有一位姓张的同学借到朱教授讲义全稿，交给孟真，孟真一夜看完，摘出三十几条错误，由全班签名上书校长蔡先生，请求补教。蔡先生自己对《文心雕龙》是内行，看了自然明白。”蔡先生也曾怀疑是否有其他教员代笔，好在同学

① 太党弟子：章太炎弟子之谓。

们补足了“功课”，过了校长的盘问关。还有当年胡适初到北大，在哲学系担讲中国哲学史大纲，他一改从三皇五帝讲起的惯例，直接从周宣王以后开讲，讲授内容也与传统大相径庭。这一变化，加上胡适的年轻和洋派，引起同学们的疑惑。有人特地找来并非哲学系的傅斯年来听胡适的课。傅斯年听课之后，对同学们说：“这个人中国古书虽然读得不多，但他走的这条路是对的。”他的话平息了可能发生的罢教风波，以致胡适后来戏称傅斯年是他来北大之后的“保护人”。

胡适与傅斯年后来成为非常好的朋友。胡适在北京米粮库胡同4号住的那段时间，傅斯年与他邻居。胡适每天要见的人都要事先有约，唯独傅斯年可以随时来访。我小时候的住处曾与胡适旧居一墙之隔，我的小学就是米粮库小学。前些年我还专程探寻过傅斯年住所，连片的几所大宅院都已在1975年一并拆除，建了邓小平府邸。[①]

傅斯年是“五四”运动的旗手，是真正的旗手，正是他在“五四”那天手擎大旗走在北大学生游行队伍的最前面。他也是新文化运动的旗手，以他为主编的《新潮》是与《新青年》相映成辉的重要刊物。对于这份由学生创办的刊物，胡适的评价是：“《新潮》杂志，在内容和见解方面，都比他们的先生们办的《新青年》还成熟得多，内容也丰富得多，见解也成熟得多。”

但正如西哲所言：一个人的性格就是一个人的命运。傅斯年是有名的性情中人，他可以轰轰烈烈，也可以戛然而止。就在“五四”游行的第二天，因与同学发生争执，他断然退出学运，重回学问。不久，通过山东官费留学生考试，傅斯年开始了长达七年的欧洲留学。同时在欧洲的有陈寅恪、俞大维、朱家骅、金岳霖、罗家伦、毛子水等，都非等闲之辈。傅斯年先是在英国伦敦大学研究院，再转柏林大学研究院，研读实验心理学、物理数学、逻辑学、英国哲学史、史学、政治学、英国文学、语言文字考据学、比较史学、德国哲学史、普通语音学、梵文文法、力学、地质学、人类学等多门学科，对爱因斯坦相对论、普朗克量子

---

① 1930年，胡适任北京大学文学院长，全家从上海回到北平，卜居地安门内米粮库胡同4号。而傅斯年住在1号(?)两宅不过五十步之遥。

论等新学科也很关注,1926 年学成归国。他与陈寅恪一样,海外读书,只求知识,不谋学位。而他研读的方法,以在图书馆自学为主。同学中流行过这样的说法:“要找傅胖子,就到图书馆去找。”这句话显然脱胎于流行欧洲的那句名言:我不在咖啡馆便在去咖啡馆的路上。

其实早在北京上大学时,傅斯年就已经是“不在图书馆便在去图书馆的路上”了。在留学柏林期间,胡适曾到法国讲学。傅斯年特地赶到巴黎相迎,而聚会内容却是每天相约去法国国家图书馆看书!如今保存于台湾“中研院”傅斯年图书馆的记录傅斯年当年在伦敦大学图书馆、柏林大学图书馆的借书登记和读书笔记之类的档案,竟有5000 件之多。

傅斯年回国后,先在广州中山大学建立语言历史研究所,后创立中央研究院历史语言研究所。1928 年史语所成立,傅斯年担任所长。史语所是最重要也是最有成果的研究机构之一,只河南殷墟的考古发掘一项便是迄今难以超越的巅峰(任凭“选择性失明”的历史专家的视而不见)①。在史语所,一直受益于图书馆的傅斯年决心办好自己的图书馆。他认为,一个一流的研究机构,首先就要有一流的图书馆。为此他从采购入手,把藏书建设作为建馆的第一要务。在他二十多年的所长任职期间,光收集到的珍善本就接近四千册。其中有南京邓邦述群碧楼藏书四百三十余种,也有傅增湘藏园藏书。史语所图书馆镇馆之宝——北宋景祐监本、南宋补配本《史记》就是来自藏园。此书原本是大内珍品,是傅增湘任北洋政府教育总长期间顺手搞到的。抗战胜利后,傅增湘高价出手,傅斯年高价买进。

傅斯年对书的爱护是出了名的。抗战期间,史语所内迁,在傅斯年安排之下,图书馆的 21 万册书分装 600 大箱,由专人负责搬运。辗转颠波五年间,开箱装箱、上架下架 12 次,而图书竟没受到任何损失,堪称奇迹。在四川李庄,傅斯年还特地为图书馆租用当地四座院子分别辟作中文、外文、善本、杂志四座书库。种种措施,让史语所的图书

---

① 1949 年后,某专家重写《中国通史简编》。在叙述殷墟葬坑与出土器物时,改为只一句“解放前有人做过发掘”。后来,又改为只有 6 个字的“地下发掘证明”。

馆无愧于大后方最完备图书馆的名声。至于抗战后得到的那本宋版《史记》,傅斯年更是如获至宝,先是暂请胡适保管,后又请胡适亲自护送到南京。书一到,当即被放进事先预备好的保险箱里,加派专人看管。即使自己借阅,也要遵守制度。

1947年傅斯年访美。由于久与西方学术前沿缺少直接接触,他便大量购买新书。现存档案中有他当年的买书记录。

1949年史语所迁台,所带图书资料达6000箱,是各机关中最多最全的。

傅斯年首先是个学者。他和他领导的史语所被国际史学界誉为"史语所派"或"史料学派"。他在史学上的主张集中体现在几句有名的"语录"中:

"史学便是史料学。"

"一分材料出一分货,十分材料出十分货,没有材料便不出货。"

"上穷碧落下黄泉,动手动脚找材料。"

"如实直书。"

在他的史学思想中,"如实直书"具有核心地位。他坚决反对以政治、道德、伦理等名义歪曲历史,他说:"治史学是绝不当说谎的……把些传统的或自造的'仁义礼智'和其他主观,同历史学和语言学混为一气的人,绝不是我们的同志!"这样的说法,好像在直斥当下的无耻文人。(至于"结论先行"的当代史学,谢泳先生在《回到傅斯年》一文中这样说:"对这些问题的研究,不是建立在新史料发现的基础上,而是先有了理论上的预设,在'规律至上'的观念指导下,再去寻找史料以为证明……比如像农民战争这样的问题,假如没有理论上的预设,稍有学术训练的史学家都不会得出后来那样的结论,特别是像太平天国和义和团这样的事,只要举出史料,他们的性质也就一望而知。")

在他的思想指导下,在他的组织和直接参与下,史语所完成了发掘安阳殷墟、整理大内档案、调查全国方言、考察少数民族等一系列开创性的重要项目。傅斯年是新派人物,由他掌管一个国学领域的研究机构,为国学研究嫁接了实证的科学方法,开创了好的学术传统。同时,史语所也聚拢了一大批顶级学术人才,如陈寅恪、赵元任、李济、董作宾、李芳桂、梁思成、石璋如等。

傅斯年还利用图书馆馆藏为下属的学术研究指示方向。比如馆藏中有一部杨守敬的《古诗存目录》钞本,傅斯年觉得很有研究价值。他让北大中文系毕业的逯钦立据此作深入研究。逯钦立竟几十年坚持下来,终于在 1983 年完成百卷巨制《先秦汉魏晋南北朝诗》。

傅斯年是有很多外号的,除了傅胖子,还有老母鸡。老母鸡是说史语所之中所有学者,都可以在他卵翼的保护之下安心做学问。他为项目争资金,他为属下求待遇。他说过:"政治你们不要管,我来管,你们只要专心读书就好。"就这样,即使在抗战的烽火中,学问也没有断。

他最有名的外号是傅大炮,是指他在担任国民参政员期间,炮轰贪污腐败的孔祥熙、宋子文,轰得这两任行政院长先后下台。据说傅斯年还是唯一敢在蒋介石面前翘二郎腿的人。在"怎么坐"大有讲究的中国,在权力崇拜到无以复加地步的中国,这么"坐"需要多么大的勇气,体现出的人格尊严又是多么可贵。

1946 年,傅斯年代理过一段北京大学校长。这一期间,他做的两件事值得一说。第一,他把凡是在日伪治下供职的教职员一律开除,包括钱稻荪、周作人、容庚等。第二,他把毛子水召回,继续担任北大图书馆馆长。毛子水博学多才,是北大图书馆历史上有名的馆长之一。

1946 年 7 月,傅斯年作为国民参政员,与黄炎培、章伯钧等人去延安访问,目的是在国共之间搭桥,以期开展下一步的国共合作。在延安,毛泽东曾先后与黄炎培、傅斯年进行过彻夜长谈。与黄的谈话后被推崇为"窑洞谈话",与傅斯年的谈话倒是留下了一幅字。起因是毛夸傅是"五四"英雄,傅说我们是陈胜吴广,你们才是项羽刘邦。过后毛便抄了一首诗送给傅斯年:

竹帛烟销帝业虚，关河空锁祖龙居。坑灰未烬①山东乱，刘项原来不读书。

唐人咏史一首　书呈孟真先生　毛泽东

傅斯年在未去台湾时便被任命为台湾大学校长。而正是他将台大领上一条独立而快速的发展道路。台大从一座仅有300名学生、5个院系的学校，发展到如今亚洲排名第二的名牌大学。这一进程中也包括图书馆的发展。由于日本统治多年的结果，当时图书馆藏书多为日文书籍，中文书很少。傅斯年虽然安排了馆长人选，但自己仍会亲自外出采购。他与台北几家书铺，特别是南高街书铺建立了良好关系，还曾有书法相赠："读书最乐，鬻书亦乐，既读且鬻，乐其所乐！"书铺老板回忆说："傅先生没有嗜好，没有消遣，倘若举出有嗜好，那便是看书买书，倘若举出傅先生的消遣，那便是进书铺，逛书摊子。"

在管理上，傅斯年亲自拟定了"图书委员会办法"……

傅斯年初到台大，曾信笔自题"归骨于田横之岛"。

1950年，傅斯年逝于台北，葬于台大，归骨田横之岛。

（2010－5－28）

① 引文如此，"烬"似应为"冷"。

卡内基和他的图书馆们

你知道北京有多少图书馆吗？120座。其中公共图书馆25座，高校图书馆65座。

你知道卡内基一生捐建过多少图书馆吗？3500座（一说2509座）！其中纽约有68座。

安德鲁·卡内基（Andrew Carnegie，1835—1919），美国钢铁巨头，著名的企业家和著名的慈善家。卡内基的个人经历是典型的美国神话，他从外来移民的小跑街，凭着个人奋斗，成就了惊天动地的大事业。

卡内基1835年出生在苏格兰首府爱丁堡西北不远的小城丹佛姆林（Dunfermline），父亲做亚麻手工纺织，母亲制鞋。最初家境尚可，买了3台织布机，还雇了几名工人。后来由于蒸汽机带动的大工业的冲击，致使小手工业主纷纷破产。卡内基的父亲卖掉纺织机，解雇掉工人，带领全家离开丹佛姆林，投奔了新大陆。那一年是1848年，卡内基13岁。

卡内基一家来到美国宾夕法尼亚州的匹兹堡阿雷尼镇安顿下来。父亲织桌布餐巾自己到街上去卖，母亲则依旧做鞋。为了减轻家庭负担，卡内基在一家纺织厂做童工，开始每周只有1.25美元。为了多挣些钱，他不怕吃苦，又去烧锅炉，又去在油池里浸泡纱管。生活的困苦非但没有让卡内基自暴自弃，反而激发了他通过奋斗改变命运的信念和决心。我们经常讲到的美国精神，究竟是移民们自身带过来的还是美国这块土地所赋予的，抑或是二者的结合，说不太清。但这种精神在小小年纪的卡内基身上表现的如此充分，确实让人赞叹。

后来，卡内基的姨夫介绍他到大西洋—俄亥俄电报公司报考送报员，他穿上自己最好的衣装前去面试。公司主管布鲁克斯打量着眼前这个瘦小的苏格兰少年，问："你熟悉匹兹堡的街巷吗？"卡内基诚实地回答："不熟，"马上又接着说："但我可以保证在一周之内熟悉匹兹堡所有街道。"又说："也许我不会被录用，也许我不够强壮，但是，我就是想试一试。"布鲁克斯十分满意诚实而充满活力的卡内基，便把他录用了。

虽然周薪只有2.5美金，但卡内基却以全部的热情投入到工作之中。他很快就熟悉了匹兹堡市区的每一条街道，熟悉了街道上的每一位商人和每一幢房子。两星期之后，他连郊区道路也了如指掌。他送电报的速度不光快，而且没有差错。在送电报的间歇，他还泡在电报房里学习发报，并很快熟练掌握了收发报技术。当年的匹兹堡不仅是美国的交通枢纽，而且是工业中心和物资集散中心，电报作为当时先进的通讯工具，在这座城市有着极其重要的作用。卡内基每天的送电报的生活，让他熟悉了几乎当地的每一家公司，熟悉了公司间的业务往来，也让他完成了最初的商业启蒙。

由于家境贫穷，卡内基没有受到完整的教育。但他非常渴望读书，一天他在翻阅报纸时，发现一条消息：阿雷尼镇的退役上校詹姆士·安德森愿意将家中所藏图书借给好学的青少年。于是卡内基找到上校的家，借到了书。以后一有空闲，他便到上校家里来借书。书籍开启了卡内基的智慧，增长了他的知识，塑造了他乐观向上的性格，也坚定了他通过奋斗取得成功的信念。

卡内基回顾这段时期，称之为"爬上人生阶梯的第一步"。

1853年，宾夕法尼亚州铁路公司西部分局局长斯考特看中电报技术高超的卡内基，聘他去当私人电报员兼秘书。这时卡内基已经18岁，随着这次变动，他的人生走进了更为广阔的天地。

一次，卡内基收到一封加急电报，说是铁路上有一列火车出轨，要求立即调度各班列车改换轨道，以免发生撞车事故。对列车下达调度命令，除局长斯考特外，其他任何人都没有这个权力，但由于是假日，卡内基没能找到斯考特。眼看时间一分一秒过去，而一班载满旅客的列车正驶向出事地点。情急之下，卡内基冒充局长名义下达命令，调度列车立即改道,一场灾难终于避免。按照规定,电报员冒用上级名义发报会受到立即撤职处分。第二天,斯考特局长眼睛直盯着卡内基好一会之后,说:“记住,这个世界上有两种人永远原地踏步:一种是不肯听命行事的人,另一种则是只听命行事的人,幸好你不是这两种人的其中一种。”这话,是对卡内基的赞许和肯定。几年以后,卡内基被提升为了宾州铁路公司的运营总管。

在铁路公司的十几年里,卡内基学会了大型企业管理的全部内容,他不再满足于为他人作嫁,决定开始创建自己的事业。

1865 年南北战争结束,美国开始了经济恢复与增长的大好时期。从 1862 年就开始的跨越北美的铁路建设工程,给钢铁工业带来了巨大机会。熟悉铁路运营的卡内基瞅准机会,筹集 100 万美元资金,建立了卡内基钢铁公司。他对自己公司的定位是:建立一个面目全新的,囊括整个生产过程的供、产、销一体化的现代钢铁公司。在公司运营中,他不惜重金购买欧洲先进技术设备,以激励机制延揽人才,扩大经营领域和规模,科学安排产、供、销各个环节,创建成本会计制度,不断追求效率和利润的最大化。仅仅二十几年的时间,卡内基钢铁公司成为世界上最大的钢铁企业,而美国也因此成为世界领先的钢铁王国。卡内基本人则成为美国仅次于洛克菲勒的超级富翁。

记得小时候看过一部国产动画片《金元梦》,演的是一群美国富翁聚餐,他们是各个行业的大王——钢铁大王、石油大王、铁路大王、汽车大王、化工大王等,他们以金元为食。影片中,他们的吃相给我留下深刻印象:有的很斯文,围着餐巾,用刀叉一口一口吃;有的干脆端起大桶把金元直接往大嘴里倒。他们还派出蚊子到非洲穷人身上吸血回来当酒喝,最后他们还把月亮吃了……看到穷人的血被吸干,我恨死了那帮美国富翁,杀他们的心都有了。现在回想,作为钢铁大王,卡内基肯定是影片的一个主角。他也的确“吃掉”了大量金元,有人做过计算,他的财富折换成今天的美金,达到不可思议的 3050 亿,超过当今首富比尔·盖茨的三到五倍!但这些钱不是贪污不是受贿,是在规则范围之内,凭着自己的聪明智慧与勤奋努力挣来的,这是让人敬佩的。而更让人敬佩的是他对财富的态度。无他，捐献。

1889年，卡内基发表作品《财富的福音》，而后又发表《慈善捐赠的最佳领域》。他在这两部作品中，阐述了自己对财富的看法。他说："聚敛财富的过程，是实现个人价值、使社会财富增值的过程，人们应主动地适应环境，积极地创造财富。"谈到当财富集中到少数人之手，这些人应当如何处置他们的财富时，他说："富人只是穷人的代理者和信托人，富人应当成为生活朴实无华的典范，要用有效的方式管理和使用财富资源，将剩余财富返还大众，为他们带来长期的利益。""富人若不能运用他聚敛财富的才能，在生前将其财富捐献出来为社会谋取福利，那么死了也是不光彩的。"至于"慈善捐赠的最佳领域"，卡内基认为有七个：大学、图书馆、医院、公园、音乐厅、体育设施、教堂。在这七项当中，图书馆受到卡内基最大重视。卡内基认为，捐建免费的公共图书馆比所有其他公益事业都更好。因为"那些光顾图书馆的读者远比那些懒散、不用功的穷人对社会更有价值。"卡内基自己就是图书馆的受益者，他对当年借书给他的安德森上校终生怀着感激之情。他捐建的第一座图书馆是在苏格兰老家的丹佛姆林，第二座就是建在安德森上校私人图书馆的旧址上的匹兹堡卡内基图书馆。这座图书馆馆舍面积18 210平方米，还包括音乐厅、画廊和自然博物馆。至上世纪60年代，匹兹堡卡内基图书馆有分馆15座，藏书总量达213万册。

卡内基开始捐建图书馆时，美国的图书馆数量还很少，1896年仅有971家。而到了1903年，则猛增到了2283家，卡内基的巨大功绩，数字上有充分体现。

在美国，虽然卡内基图书馆遍布各地，但它的建立也是有条件的：

1. 任何社区如申请一卡内基图书馆馆舍，必须由其市长或地方议会通过提供土地。

2. 该地方保证每年利用地方税收，作为图书馆维持费用，该费用必须至少是卡内基所捐赠款项的1/10。

这两条十分重要，是图书馆"可持续发展"的重要保障。

在20世纪的很长一段时间里，卡内基图书馆成为美国很多地方的标志性建筑。它们的建筑风格并不统一，包括文艺复兴、巴洛克、新古典复兴主义以及西班牙殖民时期的不同风格都有。而每种建筑风格都是由当地社区居民自己决定的。但总地说来，一段象征“每一位进馆的读者都会受到同样尊重的阶梯”是不可少的。每栋建筑外的灯柱也都有启迪民智的含义。而事实上，在美国的很多城镇，卡内基图书馆是唯一的大型建筑物，“它们成了像音乐会、讲座、会议等等这样社会活动的中心，并且还承担了博物馆和图书馆双重功能。”

令人惊异的是，卡内基图书馆的建立，竟对美国民众民主意识的提升起到过明确的推进作用。在 20 世纪初，美国女性刚刚获得投票权。由于建立卡内基图书馆需要全体市民的投票表决，很多地区的妇女因此而有了平生第一次投票决定公共事务的机会。由于这种美妙而新奇的体验，使得美国妇女成为图书馆最热情的支持者。在各城镇的卡内基图书馆建设过程中，当地的妇女俱乐部起到过非常重要的作用。而在图书馆工作的大量女性，也比其他领域的雇员，较早取得男女同工同酬的权利。

1919 年，卡内基因肺炎逝世，终年 84 岁。在生前，他已经捐出他全部财产的 90% 。而他的捐赠并没有因他的辞世而停止，卡内基基金会继续着他的慈善意愿。我们到底应该怎么认识这位“捐助图书馆的圣人”(Patron Saint of Libraries)，也许可以说，是上帝在借卡内基之手，把财富相对公平地惠及普通民众。

由于卡内基的捐赠，使得美国的图书馆总数达到今天的16 500座，这个数字是超过麦当劳的！

注：有资料表明，从 1886 年开始，卡内基和后来的卡内基基金会共捐出 5600 万美金，在大约 1681 个美国社区建立了同样多的公共图书馆，另外还在世界其他地方建造了 828 座图书馆。如今在美国，总共有 337 家注册登记成为全国历史胜地。

(2010 - 6 - 8)

谷歌与数字图书馆

2005年,美国作家巴特尔(Battelle)出版了一本名叫〈*The Search*〉的书,内容是讲述谷歌的成长发展史。书中有一句话给人留下深刻印象:"Google公司目前唯一没能做到的就是失败。"

Google公司是世界上最大的网络搜索公司,它的成功又是典型的美国神话,又是两个年轻人,拉里·佩奇(Larry Page)和谢尔盖·布林(Sergey Brin)在汽车房里创造出来的。Google是个很古怪的名字,有关这个名字的来历,我曾专门写过一篇短文可做扩展阅读(见附录)。Google在中国翻译为谷歌。中国也有一家网络搜索公司,叫百度。

网络搜索公司是一个巨大的信息资源库,它通过搜索引擎,快速全面准确地做出检索。这其实就是升级版的图书馆,同样是信息资源库,同样要有采集、存储、分类、检索,不过在介质、手段、方式上有了很大区别和进步。这样看来,李彦宏以北大图书馆系出身成为百度搜索引擎的发明者和中国最大网络搜索公司的掌门人,应该是顺理成章的。

如今,网络搜索公司与图书馆有了更紧密的结合。2004年,谷歌与哈佛大学图书馆、斯坦福大学图书馆、牛津大学图书馆、密歇根大学图书馆和纽约公共图书馆达成协议,要把这些图书馆的馆藏文献数字化,并要使人们通过互联网免费查询这些文献。在具体操作层面上,谷歌支付扫描费用,而图书馆会得到这些文献的数字化版本。谷歌的目标是要建立起一个全球最大的虚拟图书馆,这是一个野心勃勃的、被称作"网络阿波罗"的庞大计划。它要将全世界的文献资源一网打尽,第一步就是计划先用五年时间将五千万册图书数字化。斯坦福大学图书馆馆长米切尔·科勒说:"20年内,世界上大部分的知识会被数字化并提供获取,人们期望在网上免费阅读文献,就和现在在图书馆免费阅读一样。”这种前景无疑是革命性的,对于读者而言当然再好不过,但对于传统意义上的图书馆来说则有前途未卜之忧。美国麻省理工大学建筑和媒体艺术与科学系教授威廉·米切尔曾悲观预测:“图书馆的外表不再由石头建造,也不在布卢姆波利的某条街道上,而是由遍布全世界成千上万台的屏幕上的像素构成。没有地方留下来建图书馆宏伟建筑了。”

几年来,谷歌的计划在快速推进中。只从一项数字就能看出其成就:至2009年底,谷歌所扫描美国图书馆馆藏的中国图书达17 922部,涉及作家570人。但这还只是中国文字著作权协会的调查数字,谷歌提供的初步清单则是图书8万余种,涉及中国作协会员2600名。以此反推,全世界的图书,特别是谷歌自己母语的图书真不知扫了多少多少。

由于是在本人不知情的情况下扫描了中国作家作品,谷歌惹了麻烦。2009年12月,上海女作家棉棉的一纸诉状把谷歌告上了法庭,诉讼理由:侵权。诉讼标的:道歉、赔款。金额:6万。具体是,谷歌扫描了棉棉的作品《盐酸情人》,并将若干片段收入数字图书馆供读者浏览。谁都知道中国是山寨大国,盗版侵权随处可见。在中国,类似谷歌的做法大约算不得什么,又不是全文转载,又不收费。不过较真总是对的,棉棉选择了从自身做起,从眼下做起。在本文写作时此案还无结果,听说棉棉现在同意庭外调解,赚些人气也算不错。

如果不是这个案子,我还真不知道有那么多当代中国书值得电子存储,也不知道有那么多的当代中国作家值得谷歌侵权。2009年11月18日,中国作协向谷歌公司发出维权通告。通告要求谷歌公司必须在一个月内向中国作协提供已经扫描收录使用的中国作家作品清单;从通告发出即日起,谷歌公司未经合法授权不得再以任何形式扫描收录使用中国作家作品;对此前未经授权扫描收录使用的中国作家作品,谷歌公司必须在2009年12月31日前向中国作家协会提交处理方案并尽快办理赔偿事宜。同时,中国作协对作家棉棉以个人名义状告谷歌公司表示支持。中国作家协会党组成员、书记处书记杨承志接受央视采访时表示：中国作协谴责谷歌文化霸权行为，坚决支持作家依法维权。如果谷歌不拿出合理的处理方案，中国作协将组织作家百人诉讼团集体诉讼。

于是，“文化恶霸”让步了，说答应为每本书付费60美金。但这与棉棉等人的期望值相去甚远，好像是打发要饭。当然也有不同声音。韩寒虽然不是作协会员，但他的作品也被谷歌“扫了”。对此他发了声明。声明大意是：

我欢迎谷歌图书馆扫描我的每一本图书，并欣然接受在显示目录和摘要下60美元一本的条件。

……

经过对比，我发现这是非常合适的一个条件，谷歌只显示我的书的目录和摘要，就支付给我60美元。回首祖国，无数的网站都能下载我的书的全文，从1999年2009年，我从来没有收到过一分钱。现在谷歌仅仅刊登了我的书的目录，就支付给我60美金，我觉得非常的满足。

……

谷歌是第一个愿意就已出版图书支付给我钱的网站，出于对先例的优惠，我给他们打五折，也就是30美元一本，即可获得我的授权。

……

与中国作协的会员们相比，韩寒只是另类的特例。其他作家不可能“非常的满足”。棉棉的所谓中国作家维权第一案目前虽尚无结果，但有中国作协做主，有中国文字著作权协会做主，谷歌是必败无疑的。其实关于图书文献的数字转换，世界知识产权组织1996年通过的《版权条约》(WCT)中就有规定，“伯尔尼公约所规定的复制权及其所允许的例外，完全适用于数字环境，尤其是以数字形式使用作品的情况。”这也就是说，作品的数字化也是受到版权限制的。当然还有另一个关键因素是要看是否营利。既然叫图书馆就不能营利，要知道，“图书馆”可不是什么机构可以随便叫的。

谁说谷歌不会失败？这不连整个中国市场都输掉了。不知谷歌的最后撤离，与中国作家的强烈维权有多大关系？也不知谷歌数字图书馆的当代中文书扫还是不扫？难道将来在谷歌数字图书馆里，我们只看韩寒的书？

中国当然也搞数字图书馆，而且比谷歌早动手得多。1998年，中国实施了由文化部、教育部、党校系统、中国科学院四系统牵头的数字图书馆计划，当局投入资金数以亿计，应该不差钱了。另外，中国还有书生、超星、北大方正等几家企业也在搞数字图书馆。

(2010-6-11)

附录：

谷歌与古戈尔

Google and googol

《数学与想象》封面

“文革”期间有个很有名的故事，说的是广州宾馆某服务员如何戏弄了日本客商。大约上世纪70年代初期的一次广交会，各国客商纷纷来到广州。刚刚与中国建立外交关系的日本，凭着他们趁我们“闹革命”之际突然发达起来的经济实力，财大气粗，来势汹汹，上来就要包下广州新建的一座宾馆。日本人问服务员房租价位，一位服务员说，如果全包，每天的价钱是：一层两元、二层四元、三层八元、四层十六元……日本人还没听完，不假思索就把楼全包了。宾馆一共二十四层，每层的价格其实是按2的N次方计算的，真正一算，日本人傻了眼，第二十四层的单价已经达到每天16 777 216元，而二十四层总价为每天33 554 430元！故事流传过好一阵，中国人用智慧战胜日本，弘扬了爱国主义主旋律。其实故事一听就是假的，这是数学里很简单的几何级数问题。马尔萨斯（Thomas

Robert Malthus)的人口学就是从几何级数的角度考虑人口增长问题的。

在数学里，对于一些大的或比较大的、小的或比较小的数字，往往会采取以10的N次方表示，比如我们常用到的百万(m)，可以用10的6次方表示，纳米(nm)的纳(n)可用10的-9次方表示。数学中还有个数——10的100次方，数学家说，这是世界上最大的数。这个数除了用10的100次方表示之外，它还有个名字：googol，中文有翻译成古戈尔的。这个名字是美国数学家爱德华·卡斯纳(Edwards Kasner)的侄子密尔顿·西洛塔(Milton Sirotta)发明的。卡斯纳当时想发明一个词专门表示10的100次方这个数字里的巨无霸，正当他苦思冥想时，他九岁的侄子密尔顿脱口而出：googol. 而在卡斯纳随后发表的《数学与想象》(*Mathematics and the Imagination*)一书中，他正式将这个名字发布并得到数学界以及公众的认同。

Googol之大，大到难以想象，要用阿拉伯数字写出来，就是1后面加上100个0，据说宇宙全部的基本粒子数都远达不到这个数。不妨再举个例子也许有助于对Googol多些感觉：假如用一张纸对折，厚度就成为两张纸，再对折，就是四张纸，再对折……直到100次。这同样是个几何级数，是2的100次方。如果以每千张纸厚3厘米左右，经过计算，2的100次方的厚度竟可以达到银河系宽度的100倍，而这仅仅相当于10的30次方——人的常识往往理解不了科学的真相。

其实要想超过googol也十分简单，更大的数在人的头脑之中。德国计算机专家Frank Pilhofer发明了一个googolplex，是10的googol次方。

Google与googol非常形似，Google公司是世界上最大的搜索引擎公司，大到可以说没有人可以忽视它的存在。Google的成功是典型的美国神话，又是两个年轻人，拉里·佩奇(Larry Page)和谢尔盖·布林(Sergey Brin)在汽车房里创造出来的。公司在中国的名字叫谷歌。当年他们的确是想用googol做名字的，有说是拼错而将错就错(说是一张支票的拼写错误，未得其详），有说是没有得到爱德华·卡斯纳后人的允许。Google 公司成立十年了，他们新推出的一项计划就叫“创想 10 的 100 次方”。

（2009－5－25）

良臣魏征

在《旧唐书·魏征传》中有一段精彩文字，记述了唐太宗李世民与大臣魏征的一次对话，原文如下：

"……他日，征入奏曰：'臣闻君臣协契，义同一体。不存公道，唯事形迹，若君臣上下，同遵此路，则邦之兴丧，或未可知。'帝瞿然改容曰：'吾已悔之。'征再拜曰：'愿陛下使臣为良臣，勿使臣为忠臣。'帝曰：'忠、良有异乎？'征曰：'良臣，稷、契、咎陶是也。忠臣，龙逢、比干是也。良臣使身获美名，君受显号，子孙传世，福禄无疆。忠臣身受诛夷，君陷大恶，家国并丧，空有其名。以此而言，相去远矣。'帝深纳其言，赐绢五百匹。"

这段文字便是历史上有名的"忠臣""良臣"之辩，而魏征本人便是"良臣"的一个标本。

魏征(580—643)字玄成，钜鹿曲城(今河北邢台巨鹿县)人。父亲曾在北齐做过留屯令的小官。由于父母早亡，魏征从小家境十分困窘。照《新唐书·魏征传》上的说法，"少孤，落魄有大志。"他因有大志而好读书，也因落魄而出家做过道士。隋末动乱时期，魏征到隋武阳郡丞元宝藏手下做书记。元宝藏后来归降李密，他向李密呈送的奏疏每每受到李密的赞赏。当得知奏疏出自魏征之手，李密立即将魏征收做元帅府的文学参军，专掌文书卷宗。作为见面礼，

魏征像

魏征向李密献“十策”，李密对此虽然赞赏却并未采纳。后来在李密与王世充的的争斗中，魏征的“策”又被李密的长史郑颋斥为老生常谈，气得魏征“拂衣而去”。但他并没有重新“择木”，还是跟着李密。李密后来归降李渊，他也随之来到京师长安。

魏征初到京师未被起用，他便自请安抚山东。李密降唐之后，余部为徐世勣所掌握，驻地河南黎阳。魏征至黎阳，写信劝徐世勣归顺唐朝。信中扼要分析天下大势及徐世勣自身处境，劝其“乘宜速之机”，把握“安危大节”。徐世勣为信中言辞所动，遂降。徐世勣后来位列三公，与魏征同登凌烟殿贞观二十四功臣之列。他降唐后被李渊赐姓李，改名李世勣，后避李世民名讳，又改作李勣。

中国有两段历史被小说搅乱，一是三国，一是隋唐。《三国演义》不愧为名著，在很多人心目中径以为信史。《隋唐演义》则差的太远。同样描述的是风云际会的历史当口，作品却缺乏魅力，其中单就好汉排名而言，就让所有的打斗没了精彩没了悬念。在《隋唐演义》和其它相关的文学作品中，徐士勣叫做徐茂功或徐茂公或徐懋功，是个足智多谋的军师。

魏征后来为窦建德俘获。窦建德被打败后，魏征回到长安。太子李建成十分赏识魏征，将其收入帐下。当时李世民羽翼渐丰，魏征多次劝李建成及早下手。后来的玄武门之变，李建成被杀，“附逆”的魏征命悬一线。李世民质问他为什么离间他们兄弟关系，魏征回答：“皇太子若从征言，必无今日之祸。”魏征的直言并未惹怒李世民，反倒因其忠于旧主而受到器重，被任命为詹事主簿。李世民继承皇位之后，又将魏征提拔为谏议大夫，封钜鹿县男。

按照《魏征传》中的描述：“征状貌不逾中人，而素有胆智，每犯颜进谏，虽逢王赫斯怒，神色不移。”唐太宗与魏征的很多故事，已经成为中国历史上君臣关系的样板，比如“君石臣匠”之喻，“明君闇君”之析，“载舟覆舟”之戒，等。唐太宗曾说：“贞观之后，尽心于我，献纳忠谠，安国利民，犯颜正谏，匡朕之违者，唯魏征而已。古之名臣，何以加也！”贞观三年（629），魏征任掌管秘书省的秘书监。

秘书省相当于皇家图书馆或国家图书馆。秘书监在当时地位很高,是可以参朝政的。

中国的历史就是从乱到治、从治到乱不断交替的过程。至于图书,从秦至隋,也已经有始皇焚书、王莽之乱、东汉迁都、五胡之乱、萧绎焚书等五次彻底性的毁灭。这就是隋朝秘书监牛弘所谓之“五厄”。随着社会的由乱到治,图书的每“厄”之后,也都会有不同程度的恢复和新的发展。牛弘就曾为图书的复兴做出过巨大贡献。他通过向民间有偿征书等手段,十数年间,就将朝廷藏书从一万五千卷猛增到了三十七万卷!隋炀帝也是爱书之人,他本人除了武功卓著之外,也不乏文采。他到扬州看琼花也没忘了带上一船书,可惜是船翻书毁。唐高祖武德四年(621),秦王李世民攻占隋朝东都洛阳。当年隋炀帝放在东都观文殿的藏书和目录都还完整保存,计善本书三万七千卷及《大业正御书目》九卷。没想到经水路运往长安时在黄河翻船(又是翻船),图书损失殆尽,只剩下八千多卷。这样,初唐时的皇家藏书就只有长安嘉则殿的八万多卷,加上东都残存的八千卷,总计一万四千四百多部、八万九千多卷。

魏征做秘书监,主要任务就是恢复和发展皇家藏书。他首先做的与前朝秘书监牛弘所作无二,向民间征书。他请唐太宗下诏做这件事。依《旧唐书·魏征传》中的说法:“数年之间,秘府图籍,粲然毕备。”其实他不光是把书收上来,他还奏请唐太宗,组织学者“校定四部书”。这里所说的“四部”就是后来的经史子集四部。四部是中国古代最主要的图书分类法,早在魏晋时期,秘书郎郑默著《中经》,秘书监荀勖又著《中经新簿》,开始将图书分为甲、乙、丙、丁四部分。大体上说,甲部为经,乙部为子,丙部为史,丁部为集。后东晋秘书省著作郎李充撰《四部书目》,对乙、丙两部位置作了调换,定为甲(经)、乙(史)、丙(子)、丁(集)四部。而到了唐初,魏征在《隋书·经籍志》中又对经、史、子、集内容重新调整,使各类书的归属更为合理。这样,经、史、子、集四部分类法的名称和顺序就从魏征这里开始固定下来。

唐太宗自谓平生有三镜:“以铜为镜,可以正衣冠;以古为镜,可以知兴替;以人为镜,可以明得失。”他的以古为镜,除了大规模收集整理古籍经典之外,还体现在他开创设立专门机构,大规模官修前朝史书。收集整理古籍经典负责人是魏征,官修前史的负责人之一也是魏征。

还是在贞观三年,唐太宗下诏“于中书置秘书内省,以修五代史”。他任命了一个阵容强大的修撰班子,由秘书丞令孤德棻与秘书郎岑文本修周史,中书舍人李百药修齐史,著作郎姚思廉修梁、陈史,秘书监魏征修隋史。总监各史修撰的则是尚书左仆射房玄龄和魏征,而魏征更担当各史的“总加撰定”。

魏征具体负责的《隋书》,是纪传体史书,全书共四卷。其中十志之一的《经籍志》是中国图书分类学和目录学的重要典籍。它的蓝本就是上文提到的隋《大业正御书目》和梁阮孝绪的《七录》。由李延寿、敬播初编,魏征删定。志中所收书目按经、史、子、集分为四部四十类。共著录存书三千一百二十七部、三万六千七百零八卷;佚书一千零六十四部、一万二千七百五十九卷。附佛、道两录。囊括了梁、陈、齐、周、隋等五代官私书目所载现存典籍以及佚书。全书有总序、大序、小序共四十八篇。总序一篇置于卷首,四部各有大序一篇,四十类各有小序一篇。佛、道两类另各有序,并有后序一篇。序中简要说明学术的源流演变、典籍聚散以及类目设置的缘由。在各书目之下,书名、卷数、著者、真伪、存世状况等都有著录或注释。

《隋书·经籍志》将所有图书按四部划分,第一次明确使用经史子集这样的名称。而这样的图书分类法和类别命名,竟一直延续了一千多年,并至今仍在(古籍分类方面)沿用。

魏征不单编制图书分类,他自己参与也编书。贞观初年,唐太宗因“少尚威武,不精学业,先王之道,茫若涉海”之故,命魏征、虞世南等人编选一部“有关政术、存乎劝戒”的选本以便观览。于是魏征等人编成一部《群书治要》共五十卷。书中所采各书均为唐初善本,被后人誉为“古籍之精华,略尽于此”。而唐太宗对这部书的评价是“览所撰书，博而且要，见所未见，闻所未闻。”他不光嘴上说说，还拿书作为赐品给诸王各一部。

魏征有文集二十卷，《时务策》五卷。他的《谏太宗十思疏》《十渐不克终疏》都是传世名篇。他一生上疏二百余篇，把谏臣职责做到了极致。他还是功绩卓著的国家图书馆馆长以及始祖级的图书分类学家。

魏征死于贞观十七年（643），终年64岁。他死后，唐太宗痛惜异常，他的“以人为镜”就是指的魏征。而“魏征殂逝，遂亡一镜”这样的话，应该是“明君”对于“良臣”的最高评价。

（2010－7－4）

“四百万”王云五

《万有文库》之《唐诗别裁》

上初中的时候，老师要求买字典。我没买，用的是家里原有的一本旧的《四角号码字典》。看到同学都用新买的《新华字典》，我有些难为情，字典一直没往学校带，只在家里用。那时小，不知我的字典其实大有来历，更不知我为使用字典所背“七角八八九是小”之口诀竟是胡适之所作。

四角号码的发明者是王云五。

后来“文革”期间，我和一位同学闲来没事，到梅兰芳宅子转了一遭。梅兰芳家当然是要被抄的，诺大的宅子作了一个什么中学生红卫兵组织的总部。我转到后院，那里有一个锅炉房，地上乱摊着很多书，大约是要烧火用。每本书都不厚，封面色彩俗艳。捡起一看原来是套丛书，《小学生文库》，商务印书馆出品。我来了兴趣，挑了《希腊小史》《英国小史》《珍儿旅行记》《地震》等二十来本抢（救）回家。我嫌它封面太招眼，都把封面撕了。书有几本现在还在。

《小学生文库》的出品人也是王云五。

王云五（1888—1979），广东香山人。他名鸿桢，字日祥，号岫庐。还有出岫、之瑞、龙倦飞、龙一江等几个笔名。此外还有其他称呼，比如鲁迅称他为“四角号码王公”，更多人则称他“四百万”。这“四百万”不是钱，而是王云五事业成就的总括：“四”是四角号码，“百”是百科全书，“万”是《万有文库》。

因父亲在上海经商,1888 年,王云五出生在上海租界。7 岁之前,王云五的大哥曾教过他“三百千”①,认了一些字。7 岁时正式延师开蒙。由于大哥的早逝,父母认定自家风水不宜仕途,16 岁时,家里就让王云五停了学业。当时父亲在一家洋行任仓库主任,他就在父亲手下当助理。

王云五(右一)与胡适、于右任

虽然停了学业,但王云五没有停止读书。他在工余读英文夜校,边学边做助教,后来又转到上海同文馆任教。他还用一半的薪金自己买书来读。这期间,他阅读了包括亚当·斯密、孟德斯鸠、达尔文、休谟、柏拉图、卢梭、斯宾塞等人作品的英文原著。1908 年,王云五看到商务印书馆发布的广告,就用广告所说的分期付款方式购买了一套《大英百科全书》,他每天阅读,很快将这三十多册的全书通读。这种通读百科全书的学习方法,为他的广博学识打下了牢靠基础,也为他后来一直致力于编纂出版中国的百科全书埋下伏笔。

1906 年,中国新公学在上海创办,19 岁的王云五担任了该校的英文教员。他的学生中有 17 岁的胡适。是王云五的自学成才激励了胡适,促使他发愤读书。1910 年,胡适考取了官费留美,他与王云五结下的情谊终生不渝。

---

① 有人将蒙学《三字经》《百家姓》《千字文》简称之。

1911年岁暮，孙中山自海外回国途经上海，香山旅沪同乡会设宴欢迎，身为同乡会主席，王云五致欢迎辞，他的谈吐和学识受到孙中山的赏识。这次会见，让王云五从教职转为官职，成了南京临时大总统府的秘书。当时民国甫建，正是用人之际，教育总长蔡元培又邀王云五到了教育部任专门教育司第一科科长，经手京师大学堂的接收工作。

1921年，商务印书馆张元济、高梦旦等人邀胡适主持商务印书馆的编译所。胡适则推荐王云五来做。于是王云五于1921年9月进入商务印书馆，开始了他长达二十五年的“商务”人生。

王云五到商务以后，先是对编译所进行了全面改革，从观念更新到人员任用到出版计划。在他的心目中，要出中国的百科全书，就要先出各科丛书。而要出丛书，就要先建好自己的图书馆，利用图书馆馆藏中的各科优良图书进行选编。

早在1909年，张元济即为商务编译所建立了名为绥芬楼的图书资料室。1922年，王云五与张元济、高梦旦一起购地盖楼建东方图书馆，王云五担任馆长。东方图书馆有四大宗旨，其中最主要的“是为编译所提供古今中外各种备用参考书，以提高编译人员知识素养，保证书刊质量”，以及“为整理、出版影印古代文献提供母版，使之流传后世”。从这样的宗旨出发，东方图书馆的馆藏必然是高水准的。藏书最多时达46.3万余册。其中中文图书26.8万册，外文图书8万册，地方志2万多册（占全国地方志总数的百分之八十以上），还藏有5万多张照片、地图、图表和绘画。中文书中，善本古籍有近5万册，海内外孤本和珍本多达574种、5千余册。而21册的《永乐大典》绝对会让其他图书馆艳羡不已。

在图书馆工作中，编目检索非常重要。但汉字一直以偏旁部首和笔画检字，十分繁琐不便。且商务又以出字典词典为重要业务，对商务来说，检字法的改进成为双重需要。当年林语堂热心于检字法的研究，还曾因此得到商务的签约资助。但王云五与林语堂的方案意见相左，便开始了自己的研究。他从电报码得到启示，尝试用数字对应汉字。针对汉字字形特点，王云五把汉字四个角的不同形态用0—9相对应，只用四个数字便可以确定一个汉字，有少数一些特殊情况再加一个补角数字。这种“数字化”的发明在汉字检索上无疑是革命性的，商务所编的字词典中，它以其简单、直观、便捷、准确的明显优势，取代了通行近两千年的部首检字法。蔡元培曾说：“最近见到的，就是王云五先生这种四角号码检字法了……真是巧妙极了。”这种四角号码，即用于字词典也用于图书检索。从1926年创立到1996年最终让位给音序法，四角号码流行了整整七十年。有学者称：“四角号码的使用率和覆盖面，创造了近代中国文化的一个奇迹，更方便于文化和知识的普及，不仅仅嘉惠士林与后学，更表明它是近代尤其是新文化运动以来最成功的文化普及，成为近代以来大众文化生活中最为奇特的文化符号。”（王建辉）

在王云五进入商务之前，商务就已经编纂完成了具有百科全书性质的《辞源》，主编陆尔奎。另外还出版过《日用百科全书》。为实现自己的百科全书之梦，王云五做了很多努力。他先编辑了《百科小丛书》，而这套书多数就是从《大英百科全书》分条译出的。1924年，王云五成立了百科全书编译委员会，计划以美国《新国际百科全书》为蓝本，以英、德、法、日等国的百科全书为参考。本国条目则分约各科专家撰写。预计篇幅相当于《大英百科全书》，字数一亿。至1931年，全书已完稿逾半，然五千万字的成稿竟毁于“一·二八”的日军战火。

挫折并未让王云五止步。早在1928年，他便开始自己业余搜集条目资料。至1936年的七八年间，已抄卡片八百余万件。后争取到孙科的中山文化教育馆资助，计划以此编纂《中山大字典》。抗日战争爆发，王云五仅“随身携有是稿‘一’字为首之资料盈箧”南下香港，结果也仅完成出版了《中山大字典（一字长编）》，其中只有以“一”字领头的复词、成语、熟语及名词术语5474条，约100万字。与原计划收单字6万、复词60万，总字数5000万相差甚远。

“余对于综合大辞书之编纂，曾有两度尝试，而无一非功败垂成。”

王云五用这样的话遗憾地总结自己的追梦之旅。[①]

没有百科全书但有百科丛书。自1922年到1927年五年间，商务从东方图书馆的各科优良图书中精选并经过整理，先后出版了500多种各科小丛书。在历年出版的各种丛书的基础上，从1929年起至1937年，王云五又主持出版了《万有文库》。《万有文库》选定国学基本丛书以及世界名著，收各类图书多达1721种、4000册。

《万有文库》堪称是20世纪上半叶最有影响的大型丛书。王云五的这一壮举，被美国《纽约时报》称赞为“为苦难的中国提供书本，而不是子弹”，是“在界定和传播知识上最具野心的努力”。对于《万有文库》，王云五说：“（是要）使得任何一个个人或者家庭乃至新建的图书馆，都可以通过最经济、最系统的方式，方便地建立其基本收藏。”而由于采用最经济实用的排印方法，还按照《中外图书统一分类法》分类，并将类号记于书背，不单“使购书费节省十之七八，管理困难，亦因而减少”。据统计，当时仅凭这套丛书而成立的图书馆达2000所以上，每个中学都很容易地成立一个图书馆。

王云五对中国图书馆事业的贡献之大，几乎无人能比。

王云五的贡献不仅于此，他还创立了《中外图书统一分类法》。

他对分类法的兴趣源于东方图书馆馆藏的编目需要。1924年东方图书馆落成，为对外开放，必须对馆藏数十万册中外图书进行编目。由于外文图书占到很大比重，如何将中外文图书混合排列是一个问题。王云五认为学术相通的中外图书以及外文原本和中译本，如果因分类法的关系而分别排列，不单会在参照使用上造成不便，且无益于弥合中西学术的割裂。他的分类法之所以叫“中外图书统一”的原因即在于此。

王云五并不以图书馆学者或图书馆业者行名于世，但他一生中却创立了两座图书馆，除上海东方图书馆之外，1974年，他还在台北开设了“云五图书馆”——一座以他自己名字命名的私人图书馆。

---

① 在台湾，王云五终于完成《云五社会科学大辞典》（12册）——这部社会科学的百科全书由台湾商务印书馆1970年出版发行。

他是企业家,是出版家,是辞书编纂家,是翻译家,是教授,也是图书馆学家。他还另有一个独特身份:在 1948 年新华社发布的国民党四十三名战犯名单中,他列十五位,这是担任过财政部长的过。

（2010/7/23）

清华人与清华馆

清华大学的前身是清华学堂,创建于1911年,是美国以"庚款退款"建立的留美预备学校。1912年更名清华学校。1925年设大学部,1928年更名国立清华大学。1938年,清华大学、北京大学和南开大学在昆明建立了国立西南联合大学。抗战胜利后,清华大学回迁,1946年复校。

钱钟书与杨绛

1912年改称清华学校时,建小规模图书室,称清华学校图书室。

1919年建独立馆舍,建筑面积2114平方米,更名清华学校图书馆。

1931年扩建馆舍面积,增至7700平方米,可藏书30万册,阅览座位700席。同时各院、系也大都建立了自己的图书室。至1937年,藏书总量达36万册。

抗战期间,南迁书籍损失惨重。北平校内的图书馆舍被日军改作外科病房,留藏图书损失达17万余册。

1952年院校调整,清华大学从综合性大学改为工科大学,将非工科院系调整到其他院校。图书馆的相应藏书也同时外调,外调数量达18万册。

1991年,由邵逸夫捐资兴建的新馆"逸夫馆"落成,图书馆馆舍总面积增至27 820平方米,阅览座位2800席。至2003年底,馆藏总量已经超过300万册。

以上这些是说的清华大学和清华大学图书馆,没什么可读性,下面说说清华人与清华馆的点滴故事。

陈寅恪,清华大学教授,著名的国学大师。“一天金岳霖(清华大学哲学系主任)到陈寅恪家,遇有一个学生来找陈,问一个材料。陈说:‘你到图书馆去借某一本书,翻到某一页,那一页的页底有一个注,注里把所有你需要的材料都列举出来了,你把它抄下,按照线索去找其余的材料。’金听后大为倾倒,说:‘寅恪先生的学问我不懂。看来确实渊博得很。’”陈先生视图书馆一如囊中之物!

钱钟书,1929 年入学。一进校便狂言要横扫清华图书馆。颇有“彼可取而代之也”之气概。他后来曾对李慎之说:“西方的大经大典,我算是都读过了。”李慨然叹曰:“当今之世,谁还能作此言,敢作此语?”并谓钱是“最后一位学贯中西的大师”。

1953 年时清华大学图书馆

钱钟书的确是当时馆里借书最多的一位。据说很多工具书的借书记录上都留下他的名字。他还习惯在书上眉批及划线。据他同班同学饶馀威回忆说:“他有一个怪癖,看书时喜欢用又黑又粗的笔画下佳句,又在书旁加上他的评语,清华藏书中的画线和评语大多都是出自此君之手笔。”另据甘毓津回忆:“他起劲时,图书馆库里的书,逐排横扫。他喜欢把书里精彩或重要的部分,在旁边用粗铅笔画上竖线。可惜我当时没有学乖,否则只去找他画有粗黑线的部分读,也可以省事省力多读很多书。”

钱钟书也曾有过与陈寅恪相类似的故事:一次黄永玉要写一个有关“凤凰涅槃”的文字根据,但一点材料也没有。《辞源》《辞海》《中华大辞典》《佛学大辞典》《人民日报》资料室,北京城的民族学院、佛教协会都请教过了,没有!他忽然想起钱先生,连忙挂了个电话,钱先生就在电话里说：

“这算什么根据？是郭沫若1921年自己编出来的一首诗的题目。三教九流之外的发明，你哪里找去？凤凰跳进火里再生的故事那是有的，古罗马钱币上有过浮雕纹样，也不是罗马的发明，可能是从希腊传过去的故事，说不定和埃及、中国都有点关系……这样吧！你去翻一翻大英百科……啊！不！你去翻翻中文本的简明不列颠百科全书，在第三本里可以找得到。”结果立即找到，问题解决。

钱钟书的夫人杨绛称最爱清华大学图书馆。她回忆刚一入校，“中学旧友蒋恩钿不无卖弄地对我说：‘我带你去看看我们的图书馆！墙是大理石的！地是软木的！楼上书库的地是厚玻璃！透亮！望得见楼下的光！’她带我出了古月堂，曲曲弯弯走到图书馆。她说：‘看见了吗？这是意大利的大理石。’我点头赞赏。她拉开沉重的铜门，我跟她走入图书馆。地，是木头铺的，没有漆，因为是软木吧？我真想摸摸软木有多软，可是怕人笑话：捺下心伺得机会，乘人不见，蹲下去摸摸地板，轻轻用指甲掐掐，原来是掐不动的木头，不是做瓶塞的软木。据说，用软木铺地，人来人往，没有脚步声。我跟她上楼，楼梯是什么样儿，我全忘了，只记得我上楼只敢轻轻走，因为走在玻璃上。后来一想，一排排的书架子该多沉呀，我光着脚走也无妨。我放心跟她转了几个来回……”

学者资中筠女士在《清华园里曾读书》中也说：“一进入那殿堂就有一种肃穆、宁静，甚至神圣之感，自然而然谁也不会大声说话，连咳嗽也不敢放肆……在那灯火通明的大阅览室，浸润在知识的海洋里，有一种无限满足的心灵净化的感觉。”她还说：“第一次爬上窄窄的楼梯进得书库望着那一排排谈绿色磨玻璃的书架，真有说不出的幸福感，外加优越感。”而这竟是她非要考清华大学的原因之一。

清华大学的第一任校长、五四元勋之一的罗家伦主张，“图书馆不厌舒适，不厌便利，不厌书籍丰富，才可以维系读者”。在他主政期间的1931年，图书馆得到第一次大规模扩建。

季羡林曾在上世纪30年代就读于清华大学西洋文学系，他撰文写道：

“一想到清华图书馆，一股温馨的暖流便立即油然涌上心头。

在清华园念过书的人，谁也不会忘记两馆：一个是体育馆，一个就是图书馆。

专就图书馆而论，在当时一直到今天，他在中国大学中绝对是一流的。光是那一座楼房建筑，就能令人神往。淡红色的墙上，高大的玻璃窗上，爬满了绿叶葳蕤的爬山虎。解放后，曾加以扩建，建筑面积增加了很多。但是，整个建筑的庄重典雅的色调，一点也没有遭到破坏。与前面的雄伟的古希腊建筑风格的大礼堂，形成了双峰并峙的局面，一点也不显得有任何逊色。

至于馆内藏书之多，插架之丰富，更是名闻遐迩。不但能为本校师生服务，而且还能为外校，甚至外国的学者提供稀有的资料。根据我的回忆，馆员人数并不多，但是效率极高，而且极有礼貌，有问必答，借书也非常方便。当时清华学生宿舍是相当宽敞的，一间居住两人，每人一张书桌。在屋里读书也是很惬意的。但是，我们还是愿意到图书馆去，那里更安静，而且参考书极为齐全。书香飘满了整个阅览大厅，每个人说话走路都是静悄悄的。人一走进去，立即为书香所迷，进入角色。

我一想到清华图书馆，就有一种温馨的回忆，我永远不会忘记清华图书馆。”

清华大学文学院院长冯友兰回忆说：

“清华每年经费一百二十万元，其中百分之二十指定为图书仪器经费，不得挪用……当时，清华成了买书的大主顾。琉璃厂各书店都有专门跑清华的小伙计。图书馆门庭若市。除了书籍之外，历史系还收买档案。故宫收藏的明清两朝档案，有时都当废纸卖了。历史系收买这些档案，一批就是几百斤至几千斤。”

冯友兰的女儿、作家宗璞 1948 年就读于清华大学，她回忆道：

“我喜欢那大阅览室。这里是那样安静，每个人都在专心地读书。只有轻微地翻书页的声音。几个大字典架靠墙站着，字典永远是打开的，不时有人翻阅。我总是坐在最里面的一张桌上。因为出入都要走一段路，就可以让自己多坐一会。在那里看了一些参考书，做各种作业……

四年级时，便要做毕业论文，可以进入书库。置身于书库中，真像是置身于一个智慧的海洋，还有那清华图书馆著名的玻璃地板，半透明的，让人觉得像是走在湖水上，也像是走在云彩上。真是祥云缭绕了。”

经济学家于光远回忆起清华校园生活时说：

“清华学生当时住的条件比现在好得不知道多少。两个学生住一间相当宽敞的房间。但是清华的学生还是不在自己的房间做作业，都去图书馆。图书馆离学生宿舍很近，我住的新斋离图书馆更近。清华学生在图书馆里的时间很长很长。究竟占多大比例那就说不好了。同学们常常带着课本、笔记和课内作业到图书馆去，图的是那里特别安静和集中整个注意力读书的气氛。在图书馆内听不到说话的声音，如果有人说话，声音稍大了一点，让别人听见了，马上会有人向他行注目礼，再出声就会听到毫不客气的嘘声。我和同学们大致一样，只是我是不重视课内作业的学生，而查阅专业刊物，物理系的图书馆很方便。我坐在这个图书馆工作的时间不少，但后来由于积极参加抗日救亡运动，在清华图书馆的时间就相对少了一些。‘一二九’学生运动宣言中所写的‘华北之大，已经放不下一张平静的书桌了’，的确是当时北平许多学生的心情。”

萧乾的夫人文洁若女士说：

“然而，最吸引我的要算是图书馆了。

除了上课、一日三餐和睡觉，只要图书馆不关门，我必然坐在里面，徜徉于书海之间。我不善于交际应酬，甚至跟同屋的女生都没怎么聊过。倒是当望眼欲穿地等着开馆的时候，跟同班的英若诚、闻立鹤各闲聊过一次。

阅览室共两个，一大一小。我偏爱小的，灯光较亮，环境也较幽静。（翻看旧校刊我才知道，日军侵占前，阅览室里还为每一个人备有一盏台灯!)小的没有空位子,才进大阅览室。有几次,连大的也座无虚席,只好改变当天的计划,借本英文小说,带回宿舍去读。

……

如今清华也有了新图书馆("逸夫馆"),建筑设计等等肯定要比我呆过的那一座先进。然而,我心目中的清华图书馆依旧是那座老的,那是我的乐园。莘莘学子,负笈清华。只要一提到母校,我就心潮起伏,激情满怀,在清华图书馆埋头读书的往事历历在目……"

核物理学家彭桓武:

"从1931年9月我有幸进清华大学起,便十分喜爱那图书馆:宽敞整洁的新老阅览室,玻璃地板的书库,楼下分立的各个报纸架,以及办理借书还书的干练职员们。先进的管理制度,细致到位的工作,创造出图书资源的良好利用条件,给读者温暖和便利。比如,各门课程的指定参考书皆集中于大阅览室,凭借书证抵押阅览,公共阅览书和工具书则放置于阅览室内柜中或架上,任读者随意使用。

清华大学图书馆好比一个阔海,任凭青年之我在其中做各式的鱼跃。如鱼得水,是幸福,是享受,也是养育。这种经历是一生难忘而乐求再现的。"

清华大学原国学研究院研究生姜亮夫,曾经梁启超、王国维特招入学。他的回忆文章这样写道:

"清华的图书馆很大,四壁都是书籍,都是参考书。而且是必定要用的参考书。桌子上的电灯很亮,里面可以坐三四百人。另外还有阅览室,一桌六人两盏灯,四周字典、辞典还有其他工具书。如《二十四史》《十三经》《大英百科全书》,还有花盆花架,研究生院的学生还有一个特殊优惠——借书无限量!只要写下书目清单放在门口,两个小时后,就有人把书送出来。如果提出的书单,馆内没有,还会想法去买。研究生院的学生还可以直接进入图书馆的书库内看书,现在回忆起来,这件事对我帮助很大。这样一来,我接触书的面大增,有些书只要看一下序,便可知一个大概。有时看得着迷,经常误了午餐,有时晚餐也误,甚至有一次我被关在馆内,干脆看了一夜书……"

清华图书馆也有强制关门的时候。据著名体育家马约翰回忆："那时，全校的中国教师、外国教师和校长都因为学生不肯出来运动而主张强迫锻炼的方式，让学生们出来活动，出来玩。所以每天下午四点到五点，学校就将图书馆、教室、宿舍都锁起来，让同学们出来活动。强迫虽不好，但对增强学生的体质，还是起了作用的。"

1947 年 4 月清华大学举行校庆，当时图书馆馆藏数量已恢复大半，且已经复员开放半年。《大公报》报道中提到："各部门开放，被称道最盛的是图书馆，复员后，遗失书籍收回大半。潘光旦馆长拄双拐立礼堂前谦谢恭贺。"

清华图书馆也曾用过避难。

据清华图书馆管理员毕树棠日记载："（1937 年）七月二十八日：闻昨夜城郊有战事……八时许，离寓（在成府村）到清华，见多人皆群集于科学馆、图书馆楼下避难，时时有流弹在空中飞过，北面枪炮声甚密，午间稍平静，传廊房车站昨夜失守，今日为二十九军敢死队夺回，一壮烈之血战也！"

另，与朱自清并称"清华双清"的浦江清教授，当年他在西南联合大学任教时，常带着几个烧饼，钻进图书馆备课，有时甚至被锁在馆内。重返北平后的 1948 年 12 月 12 日，火线已经接近清华园，甚至可以清晰地听见炮声、机枪声。浦江清拖家带口、携着铺盖搬进了建筑坚固的图书馆地下室。"这是清华园最紧张的一夜"，就是在这样的情况下，他仍孜孜不倦地为亡友朱自清编全集，一如当年朱自清为亡友闻一多编全集一样。

清华大学图书馆在古籍采访方面，一直得到众多国学教授譬如王国维、梁启超、陈寅恪、赵元任等人的指导和帮助。不少有价值的古籍由此得以入藏。后来的闻一多、朱自清、吴晗等人的研究工作，既得益于已有馆藏，也由于图书馆采取根据教授教学或研究需要而购书的做法，使得馆藏在围绕他们各自研究专题的服务中不断得到丰富和提高。吴晗的学术研究，几乎完全仰仗图书馆。他说，"图书馆最大使命是在节省学者的时间和精力，使学者能够用最少的时间，满足他所探讨的事物。”吴晗在清华大学图书馆读《明实录》时，注意到书中关于胡惟庸党史案记载诸说不一。于是决定以此为课题深入研究，终于推翻旧说，得出新解。整个大学期间，吴晗共写下四十多篇学术论文，除《胡惟庸党案考》外，《〈金瓶梅〉的著作时代及其社会背景》、《明代之农民》等文也都受到学界好评。大学毕业后，吴晗被聘留校讲授明史。

清华人应以万计，讲清华人与清华馆必然挂一漏万。篇幅所限，见识所限，就先到这里。

（2010/7/24）

清华“守望者”

有一个人，他从 21 岁来到清华，来到清华学校图书馆，一直到他 73 岁时才退休。他就是毕树棠，清华大学的“守望者”(Watch man)，清华大学图书馆的“守望者”。

毕树棠(1900—1983)名庶滋，号树棠，笔名犹民、忧民、民忧。山东省文登市文城镇河南村人。

毕树棠像

毕树棠出身于破落乡绅家庭。10 岁时，祖父母借钱让他上了私塾，上了小学。16 岁时考上了济南省立第一师范。在校期间他曾积极参加“五四”运动。20 岁时毕业，先后回乡任小学教员、文登县师范教员、中东铁路翻译以及中国驻海参崴领事馆翻译。1921 年秋，毕树棠经人介绍到了清华学校图书馆做图书管理员，最先做杂志管理工作。

清华大学图书馆员工合影

图书馆是知识的海洋，图书馆管理员就是知识海洋里的领航员。毕树棠无愧于领航员这一称号。而要想做到这一点，没有相应的学识是不行的。毕树棠有一定的英语基础，清华学校图书馆又给了毕树棠极好的自学条件，他可以边工作边自学外语。他以英语为主，兼学法语、德语、拉丁语，后又自学俄语。扎实而全面的外语功力更使得他在管理、翻译、推介外文书刊方面得心应手。他成为师生们难得的"活字典"。除了图书馆专业知识之外，毕树棠还广泛涉猎各学科知识。在一所综合性大学里，他所提供的服务，即配合"教"，也配合"学"。事时久远，我们只能从一些人的记录碎片中得到粗略轮廓：

陈寅恪从1926年起到国学研究院讲学，他用的一些中外书籍和参考文献几乎全是清华图书馆所未入藏的，都得临时置备供应。为陈寅恪购置图书资料的有助教顾子刚和浦江清，也有毕树棠。

吴宓，清华国学研究院主任。他与毕树棠来往密切，经常向毕树棠求助求教。30年代初，吴宓兼任《大公报》文学副刊编辑，他约请毕树棠为副刊撰写书评和外国文坛消息。

朱自清，清华著名教授，他竟对小自己两岁的毕树棠称"毕老"，不难理解，称谓中有对人品、学识的尊重，也有对协助教学的感激。他还以清华文学院院长的名义，邀毕树棠到院主讲《小说选》课程。

清华建筑系主任、建筑专家梁思成邀非建筑专家毕树棠翻译《建筑十书》。

中国两院院士、当时的清华建筑系主任吴良镛要出国开会做报告，他请毕树棠帮他修改英文发言稿。

学者俞平伯曾邀毕树棠到中国大学国学系讲授"欧洲文艺思潮"课程。

再听一听当年学生以及其他人的回忆：

季羡林在《温馨的回忆》一文中说："我在校时，有一位馆员毕树棠老先生，胸罗万卷，对馆内藏书极为熟悉，听他娓娓道来，如数家珍。学生们乐意同他谈天，看样子他也乐意同青年们侃大山，是一个极受尊敬和欢迎的人。"他后来又说："1946年，我出国十多年以后，又回到北京，是在北京大学工作。我打听清华的人，据说毕老先生还健在，我十分兴奋，几次想到清华园去会一会老友，但都因事未果，后来听说他已故去，痛失同这位鲁殿灵光见面的机会，抱恨终天了。”

台湾“中研院”院士何炳棣在回忆中，也对图书馆“令人难以相信的服务精神与效率”大加赞扬，他特别提到了“编目组主任毕树棠先生等工作的极度认真”。

作家、藏书家姜德明在回忆文章《毕树棠先生》一文中写道：“毕先生精通英文，早在三十五年前，我就见过收有他译作的名家短篇小说选《贼及其他》，他还翻译出版过马克·吐温的名著《密西西比河上》……当年清华的名教授都很礼遇这位图书馆的小职员，特别是陈寅恪、吴宓等学者常因学术上的事情请毕树棠来帮忙，甚至还常有外国学者来请他修改翻译作品。”

50年代学生、教授黄延复文章中说：“当年的清华图书馆，最能体现清华老校训‘自强不息，厚德载物’的博大精神。她首先是一处‘藏龙卧虎’的地方。所谓‘藏龙卧虎’，是说不管你有多深的学问，多高的资历，在这里都会有你发挥才智的余地……毕树棠先生可作典型例子。他来馆后，经过刻苦自修，很快便成为著名文学专家，当年清华国学研究院的四大导师，以及清华文学院的诸多著名教授，都是他经常过从的好友。由于他的文学造诣，他曾是解放初期清华园内的唯一一位中国作家协会的会员。”

毕树棠之子毕可松说“（父亲）每日八小时工作，月薪可有三十块大洋。业余时间读书写作、翻译投稿，结交学界名人、教授，如王国维、吴宓、陈寅恪、朱自清、俞平伯、浦江清等，清华图书馆给予他自学成才的好条件。他博览中外图书，撰写书刊介绍，报道文坛动态，翻译散文。”

……

作为图书馆人，图书推介是一项常规工作，而撰写书评是其主要手段。毕树棠到清华时，学校出版一种由吴文藻负责、吴景超等编辑的《书报介绍副刊》校内出版物，从第一期起就有毕树棠撰写的中外书报介绍,以后几乎每期都有他的这类文章发表。

除了书评他也写散文,在北平、天津、上海等地报刊都有发表。

毕树棠对清华图书馆的“守望”集中在了抗战期间。

1937年“七七事变”之后,毕树棠因家庭拖累未能随校南下,校方高层任命他为图书馆校产保管员之一。具体任命时间,按照毕树棠日记中的记载为1937年的8月31日。“八月三十一日:接校务会议通知,委派作保管员。上午赴清华(时已迁居城内),被派任保管者共四十余人,常期留校,分区驻守。我负责东北区,办公处在图书馆。”

日军很快占领了清华大学。1939年春,日本陆军野战医院一五二病院进驻清华园,图书馆变成医院本部,馆中约三十万册书刊分别由伪北大、伪近代科学图书馆、伪新民会、日本军部取走。书库中一本存书不剩,设备亦荡然无存。

当日寇占据清华整个校园之后,由于断绝了来自清华大学留守处的补助费收入,毕树棠全家十三口人的生活顿时陷于极困之境,出任伪职的周作人邀毕树棠到伪教育部任职,他坚辞不就。为全家生计,他在意大利驻华大使馆作过翻译、在天津《民国日报》担任过主笔。他也在中国、辅仁等大学或中学教过中文,也写书。1940年3月,他的散文集《昼梦集》在上海出版。毕可松回忆说:“父亲坚持不任伪职,到学校教书代课,翻译作品挣钱,全家十几口人靠父亲的一支笔维持生活。这期间,爷爷、小叔先后病故,可谓雪上加霜。”

1945年8月抗战胜利,当时的清华总部尚在云南。在北平留守保管的毕树棠受命先行着手恢复图书馆工作。当时任务繁杂:拆除日军在馆内添设之物,恢复图书馆原貌;从伪北大、伪新民会、日本军部及其他各处回收被掠图书;回收书架、目录柜、屉柜、书档等设备;接应回迁运来的书籍以及装卸、清点造册等杂务。当时人手极缺,有一度毕树棠同时负责庶务科和期刊股两科工作。结果不到一年,1946年10月,图书馆便复员开馆。按照1947年《大公报》报道中的说法:“各部门开放,被称道最盛的是图书馆,复员后,遗失书籍收回大半。”这其中,毕树棠功不可没。

1949 年,毕树棠成为首批中国作协会员。

1953 年,因“政治”或“历史”原因,他被降职到了清华大学建筑系资料室做管理员。这个职务他一直干了 20 年,直到 1973 年退休。1979 年终获平反。

这里的“政治”和“历史”究竟怎么回事,我暂时还没找到相关说法。猜测有三条:第一,他曾“恶毒攻击”过鲁迅。1937 年,他发表在《宇宙风》第 34 期的《鲁迅的散文》一文中说,鲁迅“缺乏一个哲学家的完整的中心思想,因此在气度上有了限制,不能产出长篇的巨作”。“杂感是他的独造,殊难与他人相提并论,其实只可算他的散文的糟粕”。第二,可能在留守北平的八年期间,终不免有什么相与敌伪的瓜葛。第三,当然更大可能是因言获罪——那时的人,大多都逃不脱的。

有人说,毕树棠是“馆员模范”,虽然五十多年的图书馆生涯,连个“副研究馆员”的职称也没评过。他的模范,体现在他精到的专业水准,他广博的各科学识,他超常的外语能力等等,但最重要的是他对清华的爱,对图书馆的爱,对工作的爱,对人的爱。正是这种爱,让他“把每天太阳光的时间整个卖掉,只在灯光之下读些书,也曾胡乱写了些文字……”他还说,“我在清华六十多年了,我不离开清华。”

1983 年,毕树棠因车祸受伤,逝于清华寓所。

（2010/7/25）

实至名归李公仆

从前有位诗人叫袁水拍，他在1945年曾写过一首诗叫《主人要辞职》，讽刺当时的社会现实，其中的一段摘录于下：

1947年6月，胡适在李公仆、闻一多追悼大会上讲话。

明明你是高高在上的大人，
明明我是低低在下的百姓。
你发命令，我来拼命。
倒说你是公仆，我是主人？

诗谈不上多好，所谓讽刺性也主要不在诗。压榨百姓却恬然以公仆自称，本身就是天大讽刺。

那时还真有一位名字就叫公仆的人，李公朴。

李公朴(1902—1946)号仆如，原籍江苏武进，出生江苏淮安。李公朴的父亲李培确是仆人身份,在常镇道(设于镇江)道尹沈敦兰府上当“家人”。因为人忠勤耿直,深得主人依重。所以当沈家在淮安购置沈氏遂园并迁居淮安时,李培便被带到淮安,继续在沈府充值。李培在原籍曾有妻室,育有二子一女。到淮安后又续娶程氏,结果又是二子一女,幼子即为公朴。李培七十九岁时携程氏及幼子公朴离开淮安回到镇江,是年公仆十三岁。

李公朴像

家境不佳,李公朴到镇江后即进入京广洋货店做了学徒。几年后“五四”运动爆发,他因发动店员和一些青年,组织爱国团抵制出售日货,被店主解雇。失业后他就读镇江润州中学,毕业后考入武昌文华大学附中,又因反对校医虐待学生酿成学潮而被除名。后入上海沪江大学附中,毕业后升入沪江大学半工半读。1925 年他参加北伐。1927 年“四一二”后离开军队,并于次年 8 月赴美勤工俭学。在美期间,他开始给邹韬奋的《生活》周刊投稿,介绍美国社会点滴。1930 年 11 月结束留学回到上海。当时日本军国主义气焰正盛,李公朴积极投入抗日救亡活动。他与邹韬奋等筹办《生活日报》,在史量才支持下创办《申报》流通图书馆、《申报》业余补习学校和妇女补习学校。1934 年他和艾思奇一起创办《读书生活》,发表了大量反对日本帝国主义、抨击国民党当局的文章。1936 年创办读书生活出版社,出版了许多具有积极意义的通俗读物。同年全国各界救国联合会成立,李公朴被推为负责人之一。1936 年 11 月,国民党政府将他与沈钧儒等六人逮捕入狱,造成了著名的“七君子事件”。当时的国民党上海市政府布告称:“李公朴等自从非法组织所谓‘上海各界救国会’后,托名救国,肆意造谣,其用意无非欲削弱人民对于政府之信仰,近且勾结‘赤匪’妄倡人民阵线，煽动阶级斗争，更主张推翻国民政府，改组国防政府，种种谬说均可复按。”直至 1937 年“七七”事变之后，李公朴等才获释出狱。

出狱后，李公朴继续投身抗日救亡运动。先是在山西，担任“民族革命战争战地总动员委员会”委员兼宣传部长，创办“全民通讯社”，开展抗日民族统一战线工作。1937 年 11 月，他与沈钧儒等积极筹建全国抗敌救亡总会。创办《全民周刊》，成立全民通讯社总社。1938 年 1 月，发表《民众动员论》。又应山西阎锡山之邀到山西临汾创办民族革命大学，任副校长。1938 年 5 月发表《抗战教育的理论与实践》。后将《全民周刊》与邹韬奋主编的《抗战》合刊为《全民抗战》。太平洋战争爆发后，他转入昆明，创建北门书屋及北门出版社。1944 年，他加入中国民主同盟，被选为民盟云南省支部执行委员，并担任《民主周刊》的编委工作。1945 年在民盟全国代表大会上他当选为中央执行委员和民主教育委员会副主任。12 月，全国各界救国联合会召开会员大会，改名为中国人民救国会，会上他被选为中央委员和中央常务委员。1946 年初，他与陶行知共同创办“社会大学”，任副校长兼教务长，同时主编《民主教育》月刊。为了迎接政治协商会议的召开，他参与发起成立政治协商会议陪都各界协进会，被选为理事。会议期间，他主持举办多次报告会、演讲会。1946 年 2 月 10 日，重庆各界在校场口举行庆祝政协胜利闭幕大会，他担任总指挥。大会遭特务破坏，酿“校场口血案”。血案中，李公朴和郭沫若等人被殴伤入院。同年 5 月，社会大学由于当局刁难被迫停办，李公朴从重庆返昆明，准备将北门出版社迁至上海，并开始编写《世界教育史》。1946 年 7 月 11 日晚，李公朴被不明身份的人杀害。四天以后的 7 月 15 日，在悼念李公朴大会上，闻一多发表著名的《最后一次的讲演》，下午即遭杀害。李、闻之死引起社会极大震动，舆论普遍认为李、闻是蒋介石密令特务杀害，近年有内情披露，实为云南警备总司令霍揆彰为邀功而擅作。

李公朴、闻一多不畏暴政、舍生取义的精神尤为珍贵。

在李公朴的名衔之中，有一条是“杰出的社会教育家”。其中所指包含他担当《申报》流通图书馆馆长时的功业。

1932 年 12 月,报业巨子史量才的《申报》以“普及民众教育”为目的,在上海南京东路的大陆商场,开设了《申报》流通图书馆。经陶行知推荐,李公朴出任了图书馆馆长。

图书馆初建,藏书仅千册,人员不过四人。头一个月间,读者人数不过四百。针对如此的不景气,李公朴根据读者大都是店铺店员学徒,便大胆采取送书上门的借阅方式。他向公众发出“通信”,通报每天送书上门的范围和路线,定期赠送每月新书目录,还要求每个读者一星期至少读完两三本书。对于边远地区,他还采取邮寄业务。

经过半年时间的努力,读者人数很快增加到二千余人,藏书也增至六千余册。一年后,这两个数据又成为七千余人、三万余册。

在读者的借书统计表中,李公朴发现借阅文艺小说的占到十分之六。为此,李公朴又以“通信”致读者,指出不要过于偏重这种消遣性的书籍,希望能多读一些政治、经济、军事、社会科学、农业、卫生等实用书籍,增进常识增进学识;更希望能进一步研究自己有兴趣的学科,以求对社会国家有所贡献。

来图书馆的读者中,有很多是失业失学青年。针对这种状况,李公朴又发“通信”,鼓励这些青年把读书坚持下去,珍惜时间,珍惜机会,努力提高自己。李公朴还努力“想在可能范围内,尽一点督促读者求学的义务”,在具体操作上,对于一个月未来借书的读者会立即写信去催促。当时有人认为这样做既费时费力又没太大意义,但李公朴说:“知道我们能够常常这样的鼓励他们,他们一定会被提醒而振起求学的精神。”

《申报》流通图书馆在李公朴主持下,在很短时间内已成为闻名上海的一家图书馆。在流通图书馆一周年纪念会上,李公朴提出了图书馆发展的三大要点:一是大众化;二是充分发挥图书馆的教育意义;三是负起推动中国文化复兴的责任。为此,流通图书馆必须改变“以前只是将图书供给读者,凭他们自己的能力自己去摄取”的状况,而是要“进一步地告诉他们要怎样读书了”。在李公朴的倡议下,图书馆开设了“读书指导”和“外埠邮寄”两项业务，还制定了团体借书章程。

读书指导部的设立是开创性的。运作方式也很独到：李公朴聘请艾思奇、柳湜和夏征农等人撰写图书推介、指导阅读的文章在《申报》上发表，而读书指导部则“帮助读者解决书中的疑难问题，读者可按规定手续通信质疑”。这种方式受到读者普遍欢迎，在短短三个月间，就收到来自国内各地和东京、汉城的五百余封函询件。在国难当头，在中华民族最危险的时候，李公朴用推广读书，引导如此之多的民众关心国家大事，这无疑是一个社会教育家所能做到的最大功业。

李公朴不单给整体读者写“通信”，他也经常与个别读者通信，关心他们的读书生活。推荐图书，指导读书。其中一位读者为表示感激，特意赶到位于大陆商场三楼的图书馆找到李公朴，幽默地说：“李先生，你很能推销，可以去做一家商店的经理。”

当时，当局正在施行书报检察制度。所谓书报检察制度，应该是施政者试图控制思想的常用手段。这种制度是从西方传过来的，中国则是文字狱。姑且把从文字狱变成书报检察制度看成是一种进步吧。由于有书报检察制度，李公朴在图书采访上受到很大限制。由于往往受到查禁的书籍和报刊更有阅读价值，因此在流通图书馆，这样的禁书“在所难免”。常有人向史量才打小报告，说图书馆有禁书出借，史量才询问下来，李公朴巧妙回答说不晓得，“因为图书馆里所有的书都是书店买的。”

1934 年 11 月，史量才被刺遇害。在追悼会上，李公朴慷慨陈词：“我们大家应该把图书馆当作社会的，而不是史先生个人的。不要以为一个人死了，什么都完了。”他要全体馆员继承史量才的遗志，把图书馆办好。在他的提议下，《申报》流通图书馆改名“量才流通图书馆”。

在这所小小的流通图书馆，李公朴就像一位“公仆”，勤勤恳恳为民众工作五年。

（2010/7/28）

“藏书肯借见胸襟”

1931 年，鲁迅发了篇文章《风马牛》，引发一段公案。“涉案”人是赵景深。

赵景深（1902—1985）祖籍四川宜宾，生于浙江丽水。1931 年他虽然只有 29 岁，但已是上海北新书局总编辑和复旦大学中文系教授，而且早在 1924 年，他就将安徒生童话介绍到了中国，是中国翻译安徒生童话的第一人。1927 年，他发表了柴霍甫（契诃夫）短篇小说集《悒郁》，其中一篇《樊凯》，文中将 Milky Way 译作了牛奶路（Milky Way 意思是银河）这一错误被鲁迅发现，便被指正，方式当然是鲁迅式的。而赵景深也因这一“路”成名。

赵景深夫妇结婚照

其实这一错误并非是鲁迅的第一发现，1930 年时，赵景深自己就已经将其改正为天河。鲁迅的这种选择性“发现”，大约是为行文方便吧。赵景深乃敦厚之人，他并未用笔墨回应鲁迅，而一生以鲁迅为师为友，并以自己掌管的北新书局出版大量鲁迅作品。后来提起当年往事，赵景深说：“因为我实在是不懂，我当时的外文水平不过那样。”（关于 Milky Way，我曾写过介绍其典故的一篇短文，附在本文后面）

赵景深少时在安徽芜湖读书。1920 年考入天津棉业专门学校，还曾在南开大学附中上过课。1922 年毕业后任天津《新民意报》社文学副刊编辑，并任文学团体绿波社社长，参与编辑《微波》《蚊纹》《绿波周报》等文学刊物，并向郑振铎主编的《儿童世界》《文学旬刊》投稿。1923 年加入文学研究会。1924 年秋到湖南第一师范任教，参与编辑《潇湘绿波》杂志。1924 年翻译安徒生童话《皇帝的新衣》《火绒匣》《白鹄》等在商务《少年杂志》上发表。还翻译了俄国作家契诃夫、屠格涅夫等人的作品。1925 年到上海，任上海大学教授。1927 年任开明书店编辑并主编《文学周报》。1930 年任北新书局总编辑，主编《现代文学》，并任复旦大学中文系教授。

赵景深当年在南开中学上学时，曾听过徐志摩两周课。课堂上，赵景深的翻译获得第一，课后徐志摩问赵景深，将来是否以文学为业？赵景深说"是这样想的"。徐志摩却劝他不要搞，只能把文学当作副业。不知是接受徐志摩当初的劝告还是后来受郑振铎的影响和鼓励，他放弃了从 18 岁便开始的文学创作和文学翻译，从 1933 年起转而研究古代戏曲与小说，并获丰硕成果。完成著作《宋元戏曲本事》《元人杂剧辑选》《读曲随笔》《小说戏曲新考》《元人杂剧钩沉》《明清曲谈》《元明南戏考略》《中国戏曲初考》等 10 余种，数百万字。并在复旦大学开设元明清文学课程，为研究生开设《中国戏曲史》《中国古代戏曲理论批评史》等课程。他搜集了丰富的小说、戏曲、民间文学史料，这不光有助于他的教学和研究，也让他拥有了一个颇具规模颇具特色的家庭图书馆。

赵景深的一生俭朴，不抽烟不喝酒。他的收入除家用外，多半用于买书。与一般藏书家不同，他并不专门搜求名贵版本，所藏大抵以通行本实用书为多。他性情严谨，藏书有序，甚至自创分类法排架，足见他对书的珍爱。这些书除了他自己读，也愿意借给别人。他教书六十余年，弟子应以百千计。他是朋友学生来者不拒。素不相识，别人介绍过来的也同样接待。他的书最多时达到三万册，其中古籍两千余种、八千余册，中文平装书九千册，外文书二百余册，珍本善本亦足称道。

为方便自己阅读，同时也为方便替别人找书，他在藏书排架上费了很大心思。他的住所是上海老式建筑，楼上有亭子间。他在各层都放上书架书柜，分类码放。他自创分类法的类别比现在的《中图法》还多，英文26个字母全用上了。仔细看他的分类，兼顾了内容类别和图书形态的不同特点，比如即有友人著作（A）、中国文学（C）、历史（S）、戏剧（T）等，又有线装书（X）、精装本（J）、小开本书（P）等，只是不知道类别的重叠是如何处置的。他还编了目录，一共九本。有意思的是，他的藏书也有复本，为了自己看与外借不发生冲突，有的书他是会买两本的。

到他这里来借书的很多都是研究古代小说和戏剧的学者。据作家丁言昭女士回忆，当年她为编写《中国木偶史》，曾多次到赵景深的"家庭图书馆"借书。面对全部对她开放的书架，她不知从何找起。还是赵景深亲自带她找到了她最需要的书。还曾有一位日本学者慕名前来，希望拍摄他收藏的几本资料。赵景深不仅为他一一取出，而且为他一页页翻检，协助他翻拍，让那位日本学者十分感动。他的藏品中有一套杭州《民俗周刊》，总数有100本。对于这样的存世孤品，赵景深并未珍藏不露，而是任由钟敬文复制几套供他人研究。

赵景深的藏书竟可以安然度过"文革"，这一定是奇迹。他的书没有被抄被烧，而是只给了一个"封存"的名义。其中内情未见披露，不过毕竟书留下来了就好。但他本人躲不过"牛棚"之厄。复旦大学有一幢最小的宿舍楼，就是牛棚所在地。牛棚生活当然除了劳动改造就是每天的请罪认罪。在每晚必须上交的"汇报簿"上，赵景深从不请罪，他只写"劳动日记"，虽遭鞭笞而不改。又据他的学生回忆，有一次，看守他的红卫兵要出去，怕他跑了，就用绳子把他绑在床上。赵景深痛苦难耐，但他并不呼救，而是发出牛吼之声。外面人不知，破门而入。问其故，曰：我是"牛"……

1985年赵景深去世，他的全部藏书捐给了复旦大学图书馆，图书馆辟专室专藏。他的墓志铭用这样的话概括了他的一生："六十余年，培育英才遍世；半千万字，著编书籍等身。"

赵景深常年担任编辑,自然会收到各地作者寄来的大量来稿。对这些来稿,他认为都是作者的心血。对于希望录用的心情,他也十分理解,因此他每稿都要亲自审阅,凡有可取之处,他必定为之修改润饰,尽量刊登。如实在不能用,也回信指出不足,并且予以鼓励。

有一则轶事很有意思,说赵景深在北新书局当编辑时,因为缺少好稿,就写信给正在山东教书的老舍。老舍一看,信纸上写一大“赵”字,周围画了一个红圈,旁写“老赵被围,速发救兵”。老舍一看,立即寄稿回信,还在原信上画了一杆红缨枪直刺红圈,旁注:“元帅休慌,末将来也!”

……

就用民间文学专家王骧教授的诗作为本篇结束吧:

文坛巨擘老人星,
著作等身至可钦。
更有一桩人罕及,
藏书肯借见胸襟。

(2010/7/29)

附录:

“牛奶路”
Milky Way

Milky Way 的实际意思是银河,之所以标题写成“牛奶路”,这里面有故事。

milky 本意是奶的、乳白色的,形容词,并不单指牛奶。而 Milky Way 则是“奶的路”的意思。1922 年,翻译家赵景深在翻译英译本契诃夫小说《凡卡》时,因将这个词译成“牛奶路”而闹出笑话。由于鲁迅为此专门写了文章,使这个笑话成为中国翻译史上的有名掌故。

银河是天上的星系，在夜空中呈现出一条亮带，中国人叫它银河，西方人叫它 Milky Way。神话中，中国的银河是王母娘娘用头上的簪子划出来阻隔牛郎织女用的。西方的 Milky Way 也是神话，源于希腊神话中的一个故事。

希腊神话中，众神之王宙斯(Zeus)与凡间女子爱克米那(Alcmene)暗通款曲，生下个男孩海格力斯(Hercules)。天后赫拉(Hera)得知后心中嫉恨，派人将孩子带到天庭，不想孩子见到赫拉，一下子扑上去吸赫拉的奶，由于力量过猛，赫拉的奶水喷射出来，竟在天上成了一条闪亮的光带，由于是赫拉的奶变的，就被叫作了 Milky Way。

银河的起源 The Origin of the Milky Way
丁托列多 Tintoretto Jacopo Robusti

海格力斯是希腊神话中重要人物，他不光是有名的大力士，他还长生不老，而长生不老恰恰是因为他喝过赫拉的奶。看来赫拉奶与唐僧肉具有相同功效，只是唐僧肉虽然妖怪们想吃都想疯了，但最终没有谁吃到过。

其实赵景深在 1930 年重译《凡卡》时，已将“牛奶路”改作“天河”，与原意略无二致。而鲁迅写文章则是在 1931 年，并不以赵先生的改动为动，这可能是鲁迅功用性选择的结果。文章名叫《风马牛》，编在《二心集》中。赵景深还曾有个错译，就是将“半人半马怪”译作“半人半牛怪”。对此，鲁迅有打油诗一首刺之：“可怜织女星，化作马郎妇，乌鹊疑不来，迢迢牛奶路”。半人半马怪也是希腊神话中的怪物，应该就是现在常说的“人头马”，洋酒。

英语中与 milk 相关还有这样一句成语：Cry over spilt milk. 翻译过来是“为打翻的牛奶而哭”。这是个英国故事，是说一个卖牛奶的女孩，顶着一罐牛奶往集市上走。她边走边想，卖掉牛奶可以买小鸡，小鸡养大了可以换小牛……这样下去她就会成为富人，人们见到她的时候都要向她鞠躬敬礼。想到这里，女孩不由自主地鞠躬还礼，结果头上的奶罐掉在地上碎了，女孩哭了。这个故事中国也有相似的版本，影片《活着》里面就有生动叙述。看来不同民族不同种族，人们的情感是相通的。

另外从资料上看，赵景深用的是“牛乳路”，但鲁迅那里成了“牛奶路”。“奶”“乳”一般来讲是通用的，三聚氰胺一闹，各种的奶和乳更让人觉得一路货色。只是要把当下流行的“二奶”写成“二乳”，恐怕还不行。

在英语中，银河还有个词叫 Galaxy。美国洛杉矶银河足球俱乐部，英文就叫 Los Angeles Galaxy。由于贝克汉姆的加入，Los Angeles Galaxy 的知名度成倍增长。

钱穆的“从小到大”

《百家姓》中“赵”姓第一“钱”姓第二，这是有原因的。因《百家姓》成文于宋代，宋是赵家天下，“赵”姓第一理所当然。而“钱”姓则是因为当时吴越王钱俶的“纳土归宋”，完成一次“天鹅绒”式的和平统一，从名分上把“钱”排在第二也没得可说。不过“钱”姓并不辜负这一排列，现当代史上，钱氏家族取得了“一诺奖、二外交家、三科学家、四国学大师、五全国政协副主席、十八两院院士”的骄人成就。“一诺奖”是钱永健，美籍化学家，2008 年诺贝尔化学奖得主，吴越王钱鏐第 34 世孙。其余的还有外交家钱其琛，“三钱”（钱学森、钱三强以及刚刚去世的钱伟长），国学大师钱玄同、钱穆、钱钟书等等。第一代吴越王钱鏐虽盐贩出身，行状却超乎常人，据传他在给妃子信中，竟写出“陌上花开，可缓缓归矣”这样有情致的文字。他有妻室 6 房，生 33 子。儿子长成后分驻江浙各地，钱氏家族很快繁衍。据 1924 年编撰的《钱氏家乘》记载，在国内钱氏宗脉有 100 多支。国学大师钱穆，属无锡钱氏家族湖头支。

钱穆（1895—1990）字宾四，笔名公沙、梁隐、与忘、孤云，晚号素书老人。无锡七房桥人，斋号素书堂、素书楼。

怀海义庄

无锡七房桥在无锡市东。宋代时候，钱镠六世孙钱进自浙江湖州迁至江苏无锡,从太湖南岸来到太湖东岸。其后裔在无锡泰伯陵附近落地生根,建起七宅大院,开七道墙门,每个宅子都是七进院落,这片房子的所在地便被称作七房桥。泰伯是周文王的伯父,传说他退让王位之争来到吴地,成为吴国的开国君主。

钱穆的父亲钱承沛曾考中秀才,后因体弱多病,无力进取,但对几个儿子却寄予厚望,希望他们能读书入仕。钱穆7岁入私塾读书,12岁时父亲去世。母亲“遵先夫遗志”,没有让孩子辍学,“为钱家保留几颗读书的种子。”钱穆兄弟五人,大哥钱声一即钱伟长之父。

钱穆像

早在元末明初,钱氏家族即在乡里兴建“怀海义庄”,这是一个家族慈善机构。它以“救灾周急,恤孤矜寡,排难解纷,兴学育才”为宗旨,作用之一就是确保族中家道中落的子弟也能读书。钱穆就是在“怀海义庄”的接济下继续学业的。他先上的是无锡荡口镇果育学堂,这是一所开风气之先的新式学校,教师中既有旧学宿儒,又有思想激进的革命党人。1907年,钱穆升入常州府中学堂。后因在学潮中被推举为学生代表,钱穆被迫退学。值得一提的是,当时公推的五位学生代表,除钱穆,还有刘半农、瞿秋白、张寿昆(《国故》月刊的创办人),皆非等闲之辈。

钱穆的国文和历史成绩是同学中最好的。他退学后,常州中学校长在惋惜之余,推荐钱穆到了南京私立钟英中学就读。钱穆去南京后不久便爆发了武昌起义,学校停办,他便回到家乡,到离家七八里的秦家水渠私立小学教蒙学。后又陆续在荡口镇鸿模私立学校、梅村镇无锡县立第四高等小学、后宅镇泰伯市立第一初等小学任教。他十年任教十年自学,为自己的学问打下坚实基础。

中国的国学是门独特学问,它似乎永远静止地等着人去研习。中国的科举制度同样独特，除了性别，它无论在年龄、身份、地位、财产、地域等方面都是难得的平等。因此，人尽可以穷居乡野，只要有书读，就会有前程。钱穆中学没有毕业就回到“小学”，但他还是幸运的，他有书读。

荡口镇鸿模私立学校就是当年钱穆就读的果育学堂，最早是晚清举人华鸿模创办的华氏义学。1913 年华鸿模之孙华绎之接管学校，将校名改为华氏私立鸿模高等小学校。华鸿模藏书巨万，华绎之斥资在校园内建鸿模藏书楼，将家中私藏悉数移置以供师生阅览。但藏书楼并不轻开，恰巧钱穆与华绎之是常州中学同学，华绎之单给了钱穆一把藏书楼钥匙，钱穆可以随意进楼读书，这让他在学问上得益非浅。

1919 年，钱穆到后宅镇泰伯市立第一初等小学担任校长。泰伯虽名曰“市”，不过为“乡”。钱穆校长锐意进取，在原来旧学国文之外增设理化音体等新学课程，不久即取得“后宅四乡十三所小学之最”的好成绩。这让扇董(乡长)邹茂如对钱穆佩服有加。当时泰伯乡里赌博、迷信盛行，邹茂如整治无计，问诸钱穆，答复是“其惟导之使读书乎”。于是邹茂如便委托钱穆设计筹建图书馆。钱穆到上海、苏州等地采购图书一万余册，其中不乏珍籍名著。特别是一套一万卷的《古今图书集成》，编于康熙刊于雍正，这一版本全国仅 64 套，而其一竟落户于泰伯图书馆。无怪钱穆曾自夸，泰伯图书馆乃“无锡县各乡市图书馆之第一所”。

1922 年元旦，泰伯市图书馆落成，馆长即由钱穆兼任。

泰伯图书馆紧靠第一初等小学，为一座占地约一百平方米的两层小木楼。图书馆的落成让邹茂如兴奋异常，特将儿子原定于阴历年底成亲的日子提前到了阳历元旦，与开馆典礼同时举行。并称“凡参加图书馆开幕之来宾，亦即我之亲友。”据回忆：“图书馆落成庆典那天，街东首沈家桥河浜内，快船火轮停泊满满，人头挤挤，观者蜂拥。无锡名流荣德生、钱孙卿、侯葆三，荡口华绎之等纷纷前来祝贺。当天下午，学者侯葆三作开馆典礼和新式结婚的演讲，晚上华绎之请人放映露天电影。老人说起此番情景都是绘声绘色，啧啧称许。开馆后，出入馆内的阅览者络绎不绝，商店职员及在乡子弟，皆借书阅读，半文言半白话的《三国演义》《红楼梦》《水浒传》《西游记》和《新青年》《东方杂志》等尤受欢迎。”

图书馆开放以后，钱穆既理校务又管馆务，自言“心力交瘁，积年读书工夫亦多放弃”。其实这只是他的一时情绪之语。事实上，他“蛰居穷乡，却未尝敢一日废学。晨读古人陈编，刚日读经，柔日读史，授课之暇则读报章杂志。”他不光读书，在鸿模藏书楼期间，他发表了自己第一篇的学术著作《论语文解》。在泰伯图书馆期间，还不断有文章在上海《时事新报》副刊《学灯》和《青年论坛》上发表。这段经历是钱穆终生不忘的。晚年在台北时，他曾托其高足邓尔麟前往泰伯图书馆旧址探访，摄影数十张，以慰思恋之情。

1922 年，钱穆赴厦门集美学校任教，这是他任教中学之始。

1923 年，任教于无锡第三师范学校，开始《先秦诸子系年》专著写作。

1927—1930 年，转任教于苏州中学，《先秦诸子系年》大约在此间完成，部分篇章在南京《史学杂志》发表。

1930 年，钱穆发表了《刘向、歆父子年谱》。顾颉刚慧眼识才，认定钱穆“不宜长在中学中教国文，宜去大学中教历史”，力荐钱穆到北平燕京大学任教。

1931 年，又是顾颉刚的推荐，钱穆任教北京大学历史系并兼课清华。这样，一个中学未能毕业的中学教师，竟一步跨入大学讲堂。

初到燕京大学时，司徒雷登设宴招待新来教师，问大家到校印象。钱穆直言：“初闻燕大乃中国教会大学中之最中国化者，心窃慕之。及来，乃感大不然。入校门即见‘M’楼、‘S’楼，未悉何义？此谓中国化者又何在？此宜与以中国名称始是。”事后，燕大召开校务会议专门讨论，决定改“M”楼为“穆”楼，“S”楼为“适”楼，其他建筑也一律赋以中国名称。园中一湖，虽众人竞相提名，皆不适，最终还是依钱穆提议，径以“未名湖”名之。

钱穆在燕大教大一、大二国文。他以扎实的国学功底和妙趣横生的演讲，受到学生欢迎，但终因不适应教会大学环境而在一年后辞职。

钱穆在北大讲通史，每一堂近三百人，坐立皆满，盛况空前。钱穆说自己上课"几如登辩论场"。他与胡适都以演讲方式授课，学生以"北胡南钱"并称这两位北大最出名的教授。

钱穆在北平八年，购书竟达五万册。

……

钱穆，从小学教师成为大学教授；从中学没毕业的学生成为顶级的国学大师；从小图书馆长成为香港新亚学院院长；[1]他育成一侄一女，[2]以式微之小家，最大限度续写了大家族的传奇神话。

1990年，钱穆逝于台北，终年九十六岁。1992年归葬于苏州吴县太湖之滨的俞家渡石皮山。钱穆一生著述54部，计1700多万字，家人从中选出14种作为随葬。

（2010/8/6）

---

① 在香港新亚学院，院长室最小，图书馆最大。

② 一侄钱伟长。一女钱易，清华大学环境工程系教授，中国工程院院士。

也是目录学家的钱基博

现当代,钱姓家族的人才辈出成为令人瞩目的独特现象。科学界的“三钱”已是尽人皆知,国学方面的“三钱”亦是声名显赫。另外还有台湾“三钱”,海外“三钱”,无锡“三钱”,等等。钱基博,有人将他算作国学“三钱”之一,也有人将他算作无锡“三钱”之一。他是卓有成就的学者,古文家、文史学家、教育家,也是一位目录学家。

钱基博(1887—1957)字子泉,别号潜庐,江苏无锡人。

在无锡有句民谣:东有七房桥,西有七尺场。说的是当地两支同宗的钱姓家族。七房桥一支(湖头支)出了钱穆钱伟长叔侄,七尺场一支(堠山支)则出了钱基博钱钟书父子。

钱基博没有进过学校读书,他是家学基础上的自学,5岁时随长兄基成启蒙,10岁时由伯父仲眉授策论。不久便“对于群经、诸子、古史地学、古典文学理论,无不淹通”。他11岁时恰逢戊戌变法,西学渐兴。在看过赫胥黎的《天演论》之后,开始对自然科学产生兴趣。当时有人告诉他“研究自然科学,必懂算学”。由于没有老师,他便与弟弟(孪生兄弟钱基厚)商量自学。他们向母亲要钱,到书铺买了《笔算数学》《代数备旨》《几何备旨》及《八线备旨》,所有习题通通演算,一心想走科学研究道路。在无钱买书时,他甚至瞒着父兄,取家中所藏经史,到书铺去换上海制造局出版各种物理化学书看。16岁时,他的一篇四万多字的《中国舆地大势论》便在梁启超办的《新民丛报》连载了四期。其中观点虽有失偏颇,却是独立见解。1906年,他与妹丈曹仁化共组理科研究会,后又独办理科学堂且自任讲师。1909年,江西按察使陶大均将其招入府中,任记室。辛亥革命中,无锡成立锡金军政分府(其时无锡为无锡、金匮两县,故称锡金),钱基博任秘书,撰《光复志》记录无锡光复过程。

同为国学大师，在早期经历中，钱基博比钱穆多了一段军旅。他先是受当时的风云人物、江苏革命军参谋长顾忠琛之聘，任援淮部队司令部少校参谋。随着援淮部队改编为江苏陆军第十六师（师长顾忠琛），钱基博晋升中校，任副官参谋，驻镇江。但他这段军队经历很快结束，1913 年回到无锡，他无意官场，遂替友人空缺，担任了无锡县立第一小学的文史地教员。1918 年，他担任了无锡县图书馆馆长。

从 1921 年起，钱基博先后担任过吴江丽则女子中学国文教员，江苏省立第三师范学校教务长，清华大学教授，上海圣约翰大学教授，无锡国专教授兼校务主任。

1925 年，钱基博在圣约翰大学任教时发生了五卅惨案，美籍校长卜舫济（Francis Lister Hawks Pott）禁止学生在校内降半旗为死难者致哀，此举激起全校师生的义愤。华籍师生纷纷自动离校，另创光华大学。钱基博曾在教授会上当面斥责校长卜舫济，坚决支持学生罢课。他是首批离校的教师，也是光华大学的创建人之一。在光华大学，他担任中文系主任和文学院院长职务。

1937 年，钱基博应校长竺可桢之邀至浙江大学中文系任教。抗日战争开始后，随校迁至江西泰和。在泰和，钱基博与浙大同仁张其昀等创办《国命旬刊》宣传抗战。除《发刊辞》之外，钱基博还有《我等如何自处》等文发表。1938 年暑期之后，钱基博应湖南国立师范学院之聘，前往湖南安化县蓝田镇任该校国文系主任。这一期间，钱基博不仅用他的文章呼吁抗战，在浙大时，他与顾谷宜教授合作，从俄文本翻译《德国兵家克劳塞维兹兵法精义》，在湖南师范时，还应国民党南岳抗日干部训练班之请讲授《孙子兵法》。他终究做过军人，且早在 1912 年时，就曾在上海《民立日报》上发表过军事学著作《参谋论》。他以他的军事学识为抗战做着贡献。

抗战胜利后的 1946 年，钱基博转任武昌私立华中大学教授。

武昌私立华中大学的前身是武昌文华书院，是由美国圣公会驻鄂湘教区主教韦廉臣在 1871 年创办的一所寄宿学校。由于有美国人 韦棣华女士的加入，学校成为中国图书馆学的发轫之地。文华学院 1903

年更名文华大学,1924 年更名为武昌私立华中大学,抗战期间曾南迁至云南大理开办,抗战胜利后重返武昌。

钱基博自 19 岁起开始教书,最初为家教,后来便一直是学堂,华中大学以及后改的华中师范是他教学生涯的最后归宿。

1949 年,每一位有一定社会地位的人必须面对或去或留的重大选择。钱穆选择去,去的很悲凉。钱基博选择留,留的“有深望”(钱基厚劝钱穆语),不仅如此,他还有行动。他在“检讨书”中写道:

一九四九年四月初,武汉将近解放,第一纱厂经理程子菊,卷了资本,向香港一跑,工友索薪无着,引起各厂恐慌。我因为儿子钟纬在汉口申新四厂,当副厂长;那时,有朋友寄给我一本“转变中之北平”小册子;我就带了过江去看儿子,知道经理副经理以及高级职员,大多吓跑了;厂长病倒在上海医院!我到,恰恰有一技师,从前是我儿子的学生,苦苦请求准假回江南。我说:“资本家有钱望(往)香港跑;你们抛掉机器,就没有生活!”我就检(拣)小册子中于工厂部分,指点给儿子看,说:“从前你是副厂长,现在须得站起来当家!召集工厂大会,声明你自己的立场和不跑。调度厂中所有的物质,保证工友的生活,决不像第一纱厂不发工资。安了工友的心,然后如实提示三点:一、保护民族工业,并鼓励工人竭力保护,乃共产党新经济政策纲要之一。本厂是民族工业,工友们当得全力保护。二、工友们,苟不断生产;无论时局怎样,必代表厂方以保障工友的生活。三、工友保护本厂机器不毁坏,生产不间断,即保障自己的生活前途。厂主的身家性命,或者别有依存;而工友们身家性命,则必系于厂的保全。”儿子总算依我的话。我并替儿子拟一白话韵文布告,说:“本厂民族工业,不同资本官僚!民族工业能保,经济乃有新路。工业就是生命,大家认识清楚。如有煽动毁坏,罪同坑杀工友。大家努力生产,切勿自毁前途!鄙人追随工友,誓守岗位勿走!务望工友齐心,岗位共此牢守。”我劝儿子和其他私营工厂取联系,交换办法,安工友的心!我又写信给我在上海一个弟弟,向上海各工厂,提供一些意见……

1950 年,他将 5 万余册藏书全部捐赠给了华中大学。1952 年,他又将自己收藏的甲骨、铜玉、陶瓷、历代货币、书画等文物 221 件，捐赠给后改称的华中师范学院的历史博物馆。一时形成校图书馆中的珍本以及校博物馆中的珍藏，多为钱基博所捐的情形。

1957 年，已届古稀的钱基博响应号召，写信给中共湖北省委，帮助整风。信写好之后，他托自己的女婿石声淮帮助寄出。石声淮迁延多日，朋友也都劝说不寄为妥。但在钱基博的不断催促下，信终于寄出，祸当然也到——钱基博被划为右派。当时的华师领导很有人情味，鉴于钱已经重病在身，便不将右派结论告诉本人，本人也不必出席批判会，而是让他女婿石声淮代他接受批判。当年 11 月 30 日，钱基博因胃癌不治而辞世。

1987 年，华中师范隆重召开钱基博百年诞辰学术研讨会，钱基博之子钱钟书并未出席。

钱基博著作等身，计《经学通志》《国学文选类纂》《国学必读》《老子解题及其读法》《祭孔子文》《孟子约纂》《周秦诸子聚讼记疏证》《名家五种校读记》《四书解题及其读法》《读庄子天下篇疏记》《明代文学》《中国文学史》《现代中国文学史》等学术专著二十九部，编撰各类教材十一部，杂著十四部，以及稿本、油印本等未公开发行的著作七部，约计六十三部。总数应当在一千五百万字左右。特别要提到的是，其作品中有《清代别集解题》《明文学叙目》《版本通义》《四书解题及读法》《文史通义解题及读法》《古籍举要》等，均为目录学方面的著作，故《中国图书馆界名人辞典》以目录学家身份将其收录。他终究是国学大师，我的短文只侧重于图书馆相关部分，于是本篇题目也就写作“也是……”了。

钱基博与图书馆，除了他的目录学家身份，他还做过无锡县图书馆馆长，他把自己的藏书捐给了华中师范图书馆，他还为《无锡县图书馆史》写过序文……他一生行止，与图书馆多有交集。

（2010/9/28）

“唯留书香沁后人”

在天津市和平区，有一条街叫做睦南道，是天津著名的五大道之一。五大道是相邻而且几乎平行的五条街道，从东往西数，第一马场道，第二睦南道，依次是大理道、重庆道和常德道。睦南道东北、西南走向（在天津，搞清方向是有难度的），全长不过两公里左右。五大道一带曾经为英租界，建筑多为西式洋楼，其中除马场道之外都有曾用名，睦南道为香港道，大理道为新加坡道、重庆道为爱丁堡道，常德道为科伦坡道。旧时多有政界、军界名人退做寓公者，五大道应该是最集中的地方。在睦南道住过的名人，有北洋时期的总统徐世昌、张学良的弟弟张学铭，军人孙殿英、高树勋等。据统计，睦南道共有西式建筑74座，现在被天津市政府认定为名人故居的22座。

睦南道129号是周叔弢的故居。

周叔弢（1891—1984）名暹，字叔弢，安徽志德（今东至县）人，原天津市副市长。在中国共产党的执政初期，曾让一批知名的非党人士也来担当各级领导，出任国家副主席的有宋庆龄、李济琛、张澜，副总理有黄炎培，小部部长有章伯钧、罗隆基、傅作义、章乃器、李德全等。北京市有副市长吴晗，天津副市长则是周叔弢。这些人里面有社会活动家，有知识分子，有归降将领，有实业家。周叔弢就是一名实业家。

周叔弢生于官宦之家，祖父周馥曾官至两广总督，父亲周学海曾中进士，叔父周学熙曾两任袁世凯政府财政总长。周叔弢成年以后，跟随叔父在青岛创办华新纱厂，又在唐山、天津等地分建华新纱厂，后来又创办了启新洋灰公司。不断发展的企业规模使周叔弢成为当时我国北方民族工业的代表人物。

周叔弢自幼接受塾师教育，打下良好的传统文化功底。受父亲喜好藏书的影响，他很早就养成了“胡乱读一些闲书”以及买书、藏书的习惯。这样的习惯加上充裕的资金,使他逐渐成为民国时期藏书界的重要人物。

周叔弢最早买书应该还是为读,买的大多是廉价的石印本。1917年一个偶然机会,他买到了“天禄琳琅”旧藏的宋本《寒山子集》。天禄琳琅是清皇宫最重要的善本书库,藏书上均盖有“乾隆御览之宝”“五福五代堂宝”“八徵耄念之宝”“太上皇帝之宝”和“天禄琳琅”等五枚大印,史称“乾隆五玺”。嘉庆二年昭仁殿失火后,“天禄琳琅”藏书只剩下了六百余部,其珍贵程度可想而知。民间所以得见,乃是后来溥仪偷盗出宫所致。周叔弢得书,兴奋异常。从此,他买书便不单在读,更在于藏了。周叔弢用毕生精力搜罗善本古籍,最终达到四万多册。

在他的众多藏书中,有一册《永乐大典》。《永乐大典》是明代永乐年间的一部大型百科全书式的典籍。全书共二万二千八百七十七卷、一万零九十五册,共约三亿七千万字,收书近八千种。《永乐大典》是抄本,最初只有一部,称作《永乐正本》。到嘉靖年间又抄了一部《嘉靖副本》。明以后,《永乐正本》不知所踪,世间仅存《嘉靖副本》。光绪二十六年(1900),八国联军侵入北京,藏于翰林院的《永乐大典》几乎全部遭到焚毁,幸存的残本或被侵略者作为战利品掠走,或被国内一些人翻检拾走。翰林院仅剩的64册被大臣陆润庠运回家中,成为《永乐大典》所剩数量最多的一批。这批书中的60册后来收归北洋时期的京师图书馆,成为第一批入藏国家图书馆的《永乐大典》。

1951年,前苏联列宁格勒大学东方图书馆将当年由沙俄军队掠走的11册《永乐大典》归还中国。听到这一消息,周叔弢立即将自己所藏一册《永乐大典》也捐了出来。他在给北京图书馆的信中写道:“仆旧藏《永乐大典》一册(杭字韵、卷7602—7603),谨愿捐献贵馆,不敢妄希附伟大友邦之骥尾,以传珠还和浦,化私为公,此亦中国人民应尽之天责也。”

周叔弢的此次捐献,是他日后捐赠藏书的肇始之举。

在收藏界,流行所谓“递藏有序”的说法。由于在典籍和字画上多有收藏家的印鉴或是题记,使得藏品的流转有迹可循,“递藏有序”说法是成立的。在周叔弢的藏品中,最为有迹可循而且颇有传奇色彩的藏品,莫过于被称为“陶陶”或“二陶”的宋版《陶渊明集》和《陶靖节先生诗注》了。

1931年,周叔弢购得清代著名藏书家黄丕烈所藏《陶渊明集》。书两册十卷,卷首有汪骏昌跋,卷末题“陶陶室藏靖节集第一本”。书中盖有“文彭之印”、“文寿承氏”、“毛晋之印”、“汲古主人”、“黄丕烈”、“百宋一廛”、“士礼居”、“陶陶室”、“阆源父”、“杨绍和读过”、“宋存书室”、“海源阁”等印。当年黄丕烈对此书珍视异常,与另一部南宋刻本宋汤汉注《陶靖节先生诗》一并储于专室,命为“陶陶室”。《陶靖节先生诗注》为两册四卷,宋汤汉等注,书中有清周春跋,顾自修跋,黄丕烈跋。书末有墨笔书“陶陶室藏靖节集第二本”。书中有“秀石”、“景仁”、“董宜阳”、“向禹撰印”、“周春”、“松霭藏书”、“黄丕烈”、“士礼居”、“陶南布衣”、“陶陶室”、“汪士锺印”、“阆源真赏”、“杨绍和读过”、“宋存书室”等印。

在得到《陶渊明集》之后,周叔弢非常渴望能得到“陶陶室”的另一部珍藏《陶靖节先生诗注》。得知书被北京藻玉堂书商王子霖买去,周叔弢便与之接洽。他的急切心情让王子霖以为奇货可居,竟开出4000银元的高价。为使“二陶”合璧,周叔弢还是不惜重金买下。

据印章看,《陶渊明集》较早的收藏者是明文彭。文彭,字寿承,文徵明之子,藏书家。《陶渊明集》所钤“文彭之印”、“文寿承氏”便是他曾收藏的证明。而后,《陶渊明集》又为毛晋汲古阁所藏。毛晋为明末大藏书家、大出版家。“毛边纸”即因其姓氏得名。乾隆五十六年(1791),此书被黄丕烈收藏。黄丕烈(1763—1825)字绍武,号荛圃,江苏吴县人。藏书大家,自称佞宋主人。平生得宋刻百余种,建“百宋一廛”室储之(“廛”的意思是屋子,《诗经·伐檀》中有“不稼不穑,胡取禾三百廛兮”句)。刻《士礼居丛书》十余种。他也是得《陶渊明集》在先,颇费周折才将“二陶”凑齐的。

汤汉注《陶靖节先生诗》较早的收藏者大约是明嘉靖时期的董宜

阳，书中有“董宜阳”印。董宜阳字子元，号紫冈山樵，明嘉靖时上海县沙冈人，以诗名。此书后又为明末项禹揆所收藏。项禹揆字子毗，浙江嘉兴秀水人，是大藏书家项元汴之孙。《藏书纪事诗》说“士礼居藏宋刻陶集，即其家本也”。以后，《陶靖节先生诗注》又曾归藏书家鲍廷博的“知不足斋”。鲍廷博字以文，浙江嘉兴桐乡人，“知不足斋”为其父鲍诩所建。乾隆年间曾为《四库全书》献书多达620种，受到乾隆嘉奖。遂刊刻《知不足斋丛书》30集207种。由于他不知汤汉为何人（果然知不足也），便将此书卖与了张燕昌。张燕昌字芑堂，号文鱼，浙江嘉兴海盐人，有藏书室名曰石鼓亭。日后，当鲍廷博与另一藏书家周春提及此书，周春羡慕不已。周春字芚兮，号松霭，晚号黍谷居士，浙江海宁人。乾隆十九年进士，曾做过知县。致仕后居“著书斋”，杜门著书，藏书甚众。周春素知汤汉其人乃南宋大学者，官至端明殿学士，所注之书实属难得。于是立即到张燕昌处“借”来观看。张虽不知详细，见书面用的是宋朝金粟山藏经笺，想必非同寻常，便急于索回。但周不还，非要张出让。张燕昌不肯，友人张载华居间调停，周许以书画、端砚等为值，张亦不应。恰张燕昌需用古墨，周春用重达一斤的明朝叶玄卿“梦笔生花”圆墨与之交换，遂成。周春得书“不胜狂喜，手自补缀，亟命工重加装钉，分为两册，完好如新。”并把它和一部宋版礼书放在一起，将书斋命名为“礼陶斋”，非常珍爱，跋曰“是书乃世间所稀有，宋刻之最精者也。流传日久，纸墨未渝。”后鲍廷博、张燕昌悔之不已，“共忏悔觌（音dí）面失宋刻”。

周春得书后秘不示人，“并云欲以殉葬”。但藏书总要流转，先是礼书卖去，斋名无奈改为“宝陶室”。嘉庆十三年（1833）又将陶书卖去，斋名再改“梦陶室”。陶书落入苕估①吴东白手中（礼书即售予了吴东白）。这一交易过程也很有戏剧性，据黄丕烈跋中所述：“吴贾往购此书，怀数十番而去。周初不知，但与论直。周索卅二番云：身边立有，决少悔言。吴即如数与之，竟不能反。去书之日，泣下数行。”周春

① 苕估亦作苕贾，苏杭间书商多苕（溪）人，故称。

以三十二倍的要价且要当场兑付，以为必定难倒吴东白，不想这“苕估”带足银两有备而来，让周春也尝到悔之不已的滋味。

黄丕烈已购得《陶渊明集》，又想再得《陶靖节先生诗注》以成双璧。书既卖与苕估肯定会很快出售。果然黄丕烈往购时，书已售与硖石蒋梦华。黄丕烈与蒋梦华久经磋商，最终才以银100两的价格买了下来，“银居太半，文玩副之”，看来钱也是凑的。

黄丕烈得到“二陶”后，建“陶陶室”专藏，并在《陶渊明集》卷末墨笔书：“陶陶室藏靖节集第一本”，在《陶靖节先生诗注》卷末墨笔书：“陶陶室藏靖节集第二本”。

黄丕烈之后，“二陶”又为汪士锺、汪骏昌所藏。道光三十年(1850)落入山东聊城海源阁。海源阁为杨以增所建，他在江南河道总督任上时，为“二陶”轶闻所动，“心艳羡之”，竟将两书先后收得，“以为神物”，并望“我子孙永宝用之”。无奈聚散无常，八十年后，杨以增后人将宋元典籍运至天津出售。1931年，周叔弢先购得《陶渊明集》，1933年，再购得《陶靖节先生诗注》。

继1951年向北京图书馆捐出《永乐大典》之后，1952年，周叔弢又将自己所藏最精品——宋元明刻抄校本共计715种、2672册，捐给北京图书馆。当时正值“三反五反”，当时的天津市长黄敬怕此举是“运动”吓出来的，便对周叔弢说：“叔老，书籍是生活资料，个人藏书是你的合法私有财产，你提出捐献，该不是政治运动给了你什么思想上的压力，产生了副作用吧？”周叔弢说他只想到要让这批珍品得到一个最好的归宿，并没有考虑其他，并申明“捐书之心，并不是起于‘三反五反’运动之中，而是起于新中国诞生之时。”

周叔弢所捐的这批书中，即包括《陶渊明集》和《陶靖节先生诗注》。当时出面接受捐赠的的文化部副部长郑振铎对周叔弢说：“您把最心爱的‘两陶’集都献了出来，真是毫无保留，难得！难得！”

1954年，周叔弢又向南开大学图书馆捐赠图书3000余册。

1955年，又向天津图书馆捐赠清代善本书籍3100余种，2.2万余册。

1972 年,又向天津图书馆捐赠善本书籍 1800 余种 9100 余册。

1981 年,又捐文物 1260 件,古籍图书 1827 种,计 9196 册。

2010 年 3 月 10 日,《城市快报》发表纪念周叔弢的文章——《唯留书香沁后人》,题目贴切,故借用于本篇。

(2010/10/4)

中国科学社与明复图书馆

在上海卢湾区陕西南路有一座卢湾区图书馆，它还有一块招牌，“明复图书馆旧址”。明复图书馆兴建于 1929 年，1931 年建成开放。它是由中国科学社主办的。中国科学社是真正意义上的民间团体，图书馆则是它属下的科技专业图书馆。无论中国科学社还是科技专业图书馆，在当时的中国都是首创。

胡明复、胡适等一批留学生赴美前留影

清朝末年，海外留学渐成热潮。特别是美国庚款留学，使得一大批青年才俊齐聚美国。比如胡适、赵元任、杨杏佛、任鸿隽、胡明复、竺可桢、周仁、秉志等（杨杏佛、任鸿隽曾参加辛亥革命，是以“稽勋生”

身份留学的，与一般需要考取的“甄别生”有别）。1914 年的一天，任鸿隽在康奈尔大学的住处来了几位同学，赵元任、杨杏佛、胡明复、秉志、周仁等人。闲谈中，有人提议合办一份科学杂志向国内发行，众人一拍即合，共同在募捐书上签下自己名字。就这样，一份以“传播世界最新科学知识为帜志”的《科学》杂志孕育而生。1915 年元月，《科学》杂志创刊号在上海发行。《科学》杂志是中国人办的第一个综合性科学杂志，也是中国第一份横排文字、西文标点的杂志。当时，即使是号称新文化运动先驱的《新青年》杂志，也还是文言竖排句读的样式。杂志的口号是“提倡科学，鼓吹实业，审定名词，传播知识”，他们的目标是，要把《科学》办成像英国的《自然》周刊和美国的《科学》月刊一样。同年 10 月，以杂志同仁为主体的一些留美同学成立了中国最早的自然科学团体“中国科学社”（Science Society），社长由任鸿隽担任。中国科学社受到海外留学生拥戴，社员很快发展到几十人到数百人。对这个中国第一家的民间科学团体，他们的目标是，要像英国皇家学会一样。

1918 年，随着编辑部成员以及科学社创始人陆续回国，科学社的活动中心转移到了国内。先是在南京，他们创办了一座中国科学社图书馆。关于建图书馆的设想，早在 1916 年，《科学》杂志就刊登了《发起建设图书馆缘起》的文章，强调建设图书馆的重要意义。1920 年，教育部将南京成贤街文德里一房拨与科学社为社址。在那里，科学社先后建起图书馆和生物研究所。当时的图书馆十分简陋，图书来源主要是社员的捐赠。后来得到江苏省政府以及中华文化基金会的资金支持才有一定发展。一方面由于规模过小，另一方面也可能想到更开放的地方以利于发展，科学社决定在上海建新馆。

说到新馆，必须要提到的一个人是蔡元培，他从科学社成立之初便给予了各方面的支持。1917 年 3 月，他还以首位特社员的身份加入了科学社。1928 年，蔡元培与杨杏佛找到时任财政总长的孙科，讨得 40 万元国债的财政支持，才使新馆得以营建。

说到新馆，还必须要提到的一个人是胡明复。胡明复（1891—

1927）又名胡达，江苏无锡堰桥镇人。祖父曾任江苏省桃源县教谕，父亲胡壹修热心新学，曾出资建造图书馆。胡明复兄弟姐妹 9 人，幼年与诸兄弟姐妹在家塾读书，由叔父胡雨人亲授。1901 年，胡明复与胞弟胡刚复同入上海南洋公学附属小学。1902 年升入南洋公学中学。南洋公学当时的校长张元济对胡明复弟兄十分欣赏，赞为奇童。1903 年胡明复到宜兴一家杂货铺当学徒，后又入上海中等商业学校以及南京高等商业学堂读书。1910 年，胡明复考取了庚子赔款第二届留美生，同届之中还有胡适。

这里还有个小插曲。留美考试发榜那天，天还没亮，胡适提着马灯去史家胡同（游美学务处最初设在北京东城史家胡同）看榜。昏暗中他恍惚看到自己的名字，仔细一看，原来不是胡适是胡达。再往上一看才看到自己的名字。那一批录取名单中，胡达第五十七，胡适第五十五，名次仅相隔一人。名字相近的胡达让胡适闹了场误会，因此还未见面就记住了这个名字。赴美后，二人均入康奈尔大学，胡适入农学院，胡明复入文理学院，入文理学院的还有赵元任（本届排名第二）。后胡适也转入文理学院，三人同班且成绩俱佳。1913 年，三人同时被推荐为美国大学生联谊会会员。1914 年，胡明复、赵元任又被推举为美国科学学术联谊会会员。1914 年胡明复毕业，获康奈尔大学文理学士学位。1914 年秋，胡明复入哈佛大学研究院，攻读数学。专事积分方程论的研究。1917 年完成博士论文，获哲学博士学位[①]成为我国留学生中以数学获博士学位的第一人。论文题目是《具有边界条件的线性积分—微分方程》，1918 年在《美国数学会会刊》上发表。这也使他成为我国在国外权威刊物上发表数学论文的第一人。

1914 年 6 月，同在美国康奈尔大学留学的几位《科学》杂志以及科学社的创始人开了那次在中国科学史上具有重大意义的会议。虽然意义重大，却是从闲谈中萌生的。在赵元任日记中这样写道："大家无事闲谈，想到以中国之大，竟无一个专讲学术的期刊，实觉可愧。又

---

① 美国学校是按照古希腊对学科的分法授予学位的，所有的学科都包括在哲学（philosophy）之内。

想到我们在外国留学的,尤以学科学的为多,别的事做不到,若做几篇文章讲讲科学,或者还是可能的事…… 当时因见中国发行的期刊,大半有始无终,所以我们决议,把这事当作一件生意做去……有许多股东在后监督,自然不会半途而废了。”

在科学社的运行模式上,会议决定采取股份制,每位入社会员需交股金 5 美元,作为杂志发行资金。会议委托胡明复、任鸿隽、杨杏佛三人负责起草招股章程。章程主要内容如下:

(1)定名:本社定名为科学社(Science Society)。

(2)宗旨:本社发起《科学》(Science)月刊,以提倡科学,鼓吹实业,审定名词,传播知识为宗旨。

这一团体很快得到留美同学的响应。几个月的时间,加入进来的成员达到七十多人,股金也有了 500 元。对于办刊物来说,除了有资金之外,稿源应该更为重要。在尚未发行的情况下,文章主要是自己写。1914 年暑假,胡明复、任鸿隽、赵元任等人整天忙着写稿子,光胡明复一人就为前 3 期写了 10 篇。如《万有引力之定律》《算学于科学中之地位》《近世科学的宇宙观》《近世纯粹几何学》《用合金取轻(氢)气法》《脑威(挪威)之地震》等等内容涉及数学、物理、化学、地理等多个领域。鉴于当时国内读者科学知识的普遍低下,这类的科普文章是非常适宜的。在杂志社工作中胡明复的投入是多的,许多章程都出自他的设计,他还负责审稿、统一格式、修改标点符号等编辑工作。由于算学好,更由于肯于担当,他还负责管理杂志社以及后来科学社的财务和社务,而且回国之后一贯到底,直到 1925 年。

胡明复回国以后,在上海任教于大同大学,兼任东南大学、南洋大学教授。他还编写过微积分、高等分析方面的教材,翻译过《科学大纲》等普及性的科学读物。

上海大同大学是一所民办大学,是由胡明复的哥哥胡敦复等一些原清华学堂教师所办。胡明复立志帮助哥哥将大同大学办成一所高水平的学校,以实现自己教育救国的理想。1918 年,他创办了大同大学数学系,还倡议成立了“大同大学数理研究会”,把数学基础培养作为现代科技人才的教育重点。他把自己的家搬到学校,还曾亲自设计校舍,亲自参与施工现场指挥。胡明复在其他学校兼课所得,也会拿出其中一部分捐给本校,其他教师也是这样。大同大学的教师曾有约定,凡在本校教书分文不取,在外兼课的收入要捐出20%,而胡明复甚至将自己总数两万多元的私蓄也尽数垫入。所作所为,无愧于人们对他“毁家兴学,劳怨不辞”的这样称颂。

受中国科学社的委托,胡明复与另一位数学家姜立夫一起负责拟定数学名词(当时称算学名词)。这是一项繁复但意义重大的工作。他们审定了初等几何学、平面三角、解析几何学、空间几何、射影几何、代数学、微积分、函数论等数学分支的名词。编纂了《算学名词汇编》,只可惜胡明复自己并未看到这本书的最终出版。书的序言有这样的话:“惜胡君早逝,未获观成。”

1927年6月,胡明复在无锡乡间游泳不幸溺亡,年仅36岁。

为了纪念这位《科学》杂志和中国科学社的首倡者,这位为《科学》杂志和中国科学社出力甚多者,这位中国最早的现代数学家,这位为中国教育事业做出无私奉献的教育家,由蔡元培提议,中国科学社全体社员一致同意,将新建图书馆命名为“明复图书馆”。

1931年元旦,明复图书馆落成。

明复图书馆是一座采用现代设计方案的图书馆。馆舍占地面积800平方米,建筑面积1700平方米。钢筋混凝土结构,阅览室为三层,书库为五层。书库内的的门、书架、楼梯、升降机都采用了钢结构。开馆时有中文书刊3万余册,西文书刊2万余册。

开馆典礼上,蔡元培在致词中说:“此馆纪念胡明复先生,因为他是本社重要发起人,为本社牺牲极大,直至于逝世日,尚勤于社务。故本社第一伟大建筑物即以纪念明复先生。”

说到“勤”于社务,用胡明复自己开玩笑的话,他想在一日之中做出三日工作,并以数学家的习惯做出计算:“倘若30岁死,也同活到90岁无异。”想到他的英年早逝,此话岂非谶言?痛哉!

1950年,中国科学社终止。1951年,《科学》杂志交全国科联。

1953 年,《科学画报》(中国科学社的另一份杂志)交上海市科普协会。1956 年,明复图书馆交上海市文化局,改上海科技图书馆。同年,科学社属下的中国科学图书仪器公司交中国科学院和上海科技出版社。1958 年,上海科技图书馆并入上海图书馆。1998 年,重新悬挂"明复图书馆"招牌。2000 年 5 月,举行中国科学社明复图书馆旧址史料展览室开幕仪式和胡明复铜像揭幕仪式。2002 年,成为上海市中心图书馆卢湾分馆。

另外,在明复图书馆建设中,应该有中华文化基金会、也就是美国庚款的资金支持。中华文化基金会曾资助建设了中国三座图书馆:北平图书馆、北京大学图书馆和中国科学社明复图书馆。至于给明复图书馆的具体钱数,我尚未找到资料。

(2010/10/7)

传是楼但求传世

早年间的北京，胡同里不少院子的大门上都有对联，最常见的莫过“忠厚传家久，诗书继世长”这一副。虽说是俗句，还是表达出人们想把道德操守、学识修养变成传世家风的愿望。这种愿望很好，但是很难实现。

世界上把读书像我们中国人这样功利化的民族恐怕不多，像“颜如玉千钟粟车如簇”如此直白的宣告我也未曾听他国人讲过。上面的两句对联并未谈及功利，反倒淡泊平和。

想把诗书作为家传的人很多，清朝早期做过刑部尚书的徐乾学就是一个代表人物。

徐乾学(1631—1694)字原一，号健庵，江苏昆山人。他家学渊源，八岁能文，堪称神童。39 岁时(康熙九年)虽高中探花，但比起小他 3 岁却早他 11 年便高中状元的胞弟徐元文，也还有些逊色。

进士及第之后，徐乾学先是做了内宏文院编修，后又做顺天府乡试副考，做过日讲起居注官，内阁学士，左都御史，礼部侍郎，最高做到刑部尚书。还曾任《清会典》和《大清一统志》副总裁官和《明史》修书总裁官。

徐乾学是名重一时的学者，他在经学、训诂学方面多有著述，有辑刊《通志堂经解》一百四十种一千八百六十卷，著《读礼通考》 百二十卷，著《憺园集》三十八卷以及《词馆集》《虞浦集》等。还有《传是楼书目》八卷和《传是楼宋元本书日》一卷。

《通志堂经解》还有一段公案：通志堂为纳兰性德之斋堂，《通志堂经解》也署名为纳兰成德(太子胤礽原名保成，因避太子名讳而改性德)校订，但后来的学界却多算在徐乾学的名下，至少是算作以徐乾学为主的二人合作。纳兰性德是康熙权臣明珠长子，是清一代最有才华的词人之一,可惜寿之不永,年仅31岁便因病辞世。而恰恰是他的年龄引起后来乾隆皇帝的怀疑,"朕阅成德所作序文,系康熙十二年,计其时成德年方幼稚,何以即能淹通经术?"再加上乾隆对明珠的嫉恨,于是便采信传言,做出徐乾学为交结权臣而将自己作品伪托纳兰性德刊刻成书的"圣"断。他后来在为《通志堂经解》补刻本所撰序言中又说:"徐乾学阿附权门,成德滥窃文誉,二人品行,本无足取……"虽将二人一并贬斥,却把著作权从纳兰性德这里划归到徐的头上。

嘉庆朝学者姚元之在《竹叶亭杂记》中也说:"《通志堂经解》,纳兰成德容若校刊。实则昆山徐健庵家刊本也。高庙(即乾隆)有'成德借名,徐乾学逢迎权贵'之旨。成为明珠之子,徐以其家所藏经解之书,荟而付梓,镌成名,携版赠之,序中绝不一语及徐氏也。"

但后来的藏书大家叶德辉却对此说持怀疑态度。他在《书林清话》中说:"然则《通志堂经解》一书,或不尽为徐氏代刻之,百年公论,后世自有知者。"

虽无定论,但这部书中的《大易集义粹言》八十卷和《礼记陈氏集说补正》三十八卷为纳兰性德编著则是肯定的。而收录了先秦、唐、宋、元、明经解的《通志堂经解》,"荟萃诸家,典瞻赅博,实足以表彰六经"(乾隆语),其学术价值也是肯定的。

在现在的中学语文课本中,有一篇名为《传是楼记》的文言文,是与徐乾学同时的散文家汪琬的作品。文章先是描述了传是楼的建筑和藏书结构,然后是对藏书、守书、读书以及"躬体而心得"的不同境界做出一番议论。有了这样的铺垫,汪琬顺势对徐乾学大加赞誉,说他"既出其所得于书者,上为天子之所器重,次为中朝士大夫之所矜式,藉是以润色大业,对扬休命,有余矣",意思是说徐乾学从书中想得到的能得到的全都得到了,无论高官还是声望,还是对"建国大业"的贡献。汪琬对徐乾学"训敕子姓"的成就更是赞叹不已。徐乾学有五个儿子先后考中进士,女儿徐昭华也被世人誉为才女。父辈三进士,子辈五登科,此等荣耀,的确值得羡慕。

《传是楼记》中的核心部分是对传是楼得名的说明,而这一说明则是徐乾学自己做出的。文中这样说:“于是先生召诸子登斯楼而诏之曰:‘吾何以传女曹哉? 吾徐先世,故以清白起家,吾耳目濡染旧矣。盖尝慨夫为人之父祖者,每欲传其土田货财,而子孙未必能世富也;欲传其金玉珍玩、鼎彝尊斝之物,而又未必能世宝也;欲传其园池台榭、舞歌舆马之具,而又未必能世享其娱乐也。吾方以此为鉴。然则吾何以传女曹哉?’因指书而欣然笑曰:‘所传者惟是矣!’遂名其楼为‘传是’”。

的确,自从家庭私有制确立以来,给子女留下什么恐怕是每一个做父母的必答题,但答案是各不相同的。有人留下财产,有人留下技艺,有人留下书,当然也有人留下人品。

说到徐乾学的人品却有些不尴不尬。首先,他是清朝入主中原后较早一批投靠朝廷的汉人。徐乾学的舅舅是大学者顾炎武,在抗清失败之后,顾炎武坚决不仕,大学士熊赐履几次邀他出来修《明史》,他竟以死相拒。但对徐乾学来讲,家族中的榜样却没起任何作用。中国的历史上经历了多次的改朝换代和多次的外族入侵,每一次这样或那样的更迭总要以新的正统取代旧的正统。不过这一取代过程,时间却短的令人惊讶。一个曾经无比强大的正统竟会在十几年间便被抛弃,人们会重新聚拢在新的正统之下。这种现象尽管让人在心理上难于接受,却很少有例外。照此说,徐乾学的投靠也许无可厚非,但在气节上,与不食周粟者还是判若云泥,高下立见。

徐乾学在官场上的钻营也为人所不齿。他先是依附明珠,又自立门户,以“南党”对抗明珠的“北党”。后来明珠罢相,“众皆谓乾学主之”(《清史稿》)。而结党必定营私,受贿的事是经常发生的。其中有一个案例值得一提:湖广巡抚张汧及上荆南道祖泽深为明珠一党,“恃势贪暴,言路莫敢摘发”。朝臣色楞额受命往察而“悉为庇隐”。唯御史陈紫芝上疏弹劾张汧。严审之下,张汧等罪行坐实,并供出曾向徐乾学行贿的秽行。康熙发落了张汧、祖泽深、色楞额等人,但对徐乾学的受贿嫌疑并未深究,也就算个警告处分或是留党察看吧。但副都御史许三礼却不依不饶,说徐乾学是“律身不严,为张汧所引”。又说

“皇上宽仁，不加谴责，即宜引咎自退，乞命归里”。没办法，徐乾学只得上疏请辞并获得批准，但待遇不变。在此案中，有两点值得注意。第一，许三礼劾徐乾学并无实据，只是“律身不严”，给他人之诬留下机会，也就是说名声不好都是罪过。第二，被投了不信任票便引咎辞职，徐乾学也算知耻，也算难能可贵。至于此案中的徐乾学是不是真的受贿？不管你信不信，反正我信。

徐乾学不光注重教育好自己子女，他还乐于从年轻学子中求访可教之才。这样做，第一会因发现人才而受到皇帝赏识，第二也为自己的集团派系扩充力量。由于传闻有人在家中读书被徐乾学听到而获奖掖，徐乾学府邸所在的南城绳匠胡同一带，便不少人故意在五更时大声读书。那一带的房租也因此比其他地方高出数倍——又像是一次穿越，康熙时就有“学区房”啊。

说得有些远。再回来说说传是楼。

从某种意义上说，传是楼的成就得“益”于社会动荡。明末战乱，藏书家多不能守，各家散出之书流落民间。徐乾学大加搜购，其门生故吏又投其所好代为访求。于是南北藏家珍品尽入徐乾学之彀，使其传是楼逞于一时。据徐乾学编《传是楼宋元本书目》所录，光是宋元善本就多达四百五十种。这也算是国家不幸藏书幸吧。

以传是楼为题的文章并不仅有汪琬之一篇，大学者黄宗羲、万斯同都有。黄宗羲曾做《传是楼藏书记》，文中对徐乾学有这样的赞语：“世之藏书家未必能读，读者未必能文章，而先生并是三者而能之，非近代藏书家所及。”万斯同的作品是《传是楼藏书歌》，其中有这样的诗句：“东海先生性爱书，胸中已贮万卷馀，更向人间搜遗籍，真穷四库盈其庐。”

传是楼果能传世？其实不然。据说到徐乾学五世孙时家业已败，其人隐姓埋名，以替人抄书奉养父母。父亲死后，自己眼睛又瞎了，不得以而到城隍庙卖唱乞讨养活母亲。或问其家世则避而不答，惟恐辱没先人。等到母亲一死，这位五世孙便投河自尽了。又据说传是楼之藏书多为和硕怡亲王府所得（和硕怡亲王胤祥，康熙第十三子）。至于楼,有人说已是踪迹皆无。友人王晓健曾亲往昆山探访,称“传是楼已倾圮,楼中藏书早已散佚无存了”。口气中似乎遗迹还在。

(2011/8/23)

后　记

做事情总需要些机缘，也需要些勇气，拙作《名人与图书馆》的出版如是，《名人与图书馆（续篇）》的出版亦如是。

当我2008年4月拿着书稿第一次来到国家图书馆出版社时，心里完全是茫然的，一个人也不认识，对出版程序也根本不了解，更对自己的作品价值没有底。可能正是这种茫然反倒让我有了勇气，大不了就回去，而已。

出版社大门是锁着的，需要用按键输入部门房间号才能打开。正在犯难，同行的王龙看到一扇窗开着，便嗖的一下跳窗而入，从里面把门给我打开。这一插曲后来竟传成是我自己翻窗，一位已届花甲的老先生！

经指点找到图书馆学情报学编辑室，是王涛接待的我，说主任不在，书稿可以留下，等主任回来再说，时间大约一周左右。也就两分钟的时间，我和王龙就出来了。

一周后，正在办公室内与一些朋友聊天，忽然想起给出版社打个电话，正是金主任接的，她回来了。我问书稿，她很客气地说书稿看了，很好，但今年的出书计划早就定了，没有办法安排。我问能否通融，她说那得总编批准。我索性就多说一句，托金主任帮我问问总编，也就把电话挂了。回头对朋友说，没戏了，婉拒。大约也就五分钟的样子，金主任打来电话，说总编看了，决定出——难的时候真难，简单起来就这么简单，让人不可思议。

出书的过程，让我与金主任、王涛他们都成为了朋友。合作非常愉快。书在当年九月出版，而我在之前的五月就退休了。大概是这个题材可写的太多，于是我又接着写了十五篇，因为是朋友，就将这十五篇用电子邮件给了王涛。接着就是母亲生病住院，我全身心陪护，什么都放下了,只是每天抽空上上网。忽然有一天,王涛在博客上发布消息,说《名人与图书馆(续篇)》已经交稿。我赶忙打电话过去,说才十五篇,离一本书的量差远了,你这不是催着我往下写么。就这样,在一年后有了些时间,我就集中写了一批,很快凑足了现在的三十八篇。当初也就是凭着惯性随便写写,想也许会出修订版,不想又成了今天的续篇。

第一部书我是请中国散文学会会长林非先生写的序言。我与林非先生并无太多交往,只是代表图书馆出面请先生到馆里开办的文化讲堂讲过两课。看来做事还是要勇气,我冒昧求林先生作序,林先生爽快答应,并很快写好给我。令我感动的是,从序中看出,先生对我的书稿是通读过的。

第二部书的序请谁来写颇费心思,找一位图书馆界有名望的人来写当然好,但我是个基层馆的普通员工,这又谈何容易。好在是有勇气,也还有互联网。于是就冒昧地在业界名流、广东中山大学图书馆馆长程焕文先生的博客上留言,其中写了"先生业界翘楚,羡甚之余不揣冒昧,一事相求望不见拒"这样的话。程先生很快将他的邮箱地址给了我,后来又回信对文章做了些点评。这当然让我喜出望外,只是对程先生绝口不提序言的事感到奇怪,又不好催。原来,可能是我的请求过于婉转,文字又有些酸腐,程先生乃豪放之人,以为只求些点评而已,误会了。当终于明白我的请求时,很快就把序言写好给了我。按照金丽萍主任的话说:程焕文馆长,有名的性情中人。

本书得以出版,要感谢的人当然很多,譬如以社长身份担任责编的郭又陵先生,金丽萍主任,好友王涛,好友王龙等等,还要感谢所有的机缘巧合以及我自己的"勇气"。另外,特别要感谢程焕文先生,素昧平生慨然允请,难为先生了。

徐铁猊

2011 年中秋